全国基层干部学习培训教材

QUANGUO JICENG GANBU XUEXI PEIXUN JIAOCAI

城市基层治理政策法规解读

全国干部培训教材编审指导委员会办公室组织编写

党建读物出版社

出 版 说 明

习近平总书记一直高度重视基层基础工作，他反复强调，基础不牢、地动山摇；基层强则国家强、基层安则天下安。习近平总书记指出，乡村振兴是实现中华民族伟大复兴的一项重大任务，要把解决"三农"问题作为全党工作重中之重；推进国家治理体系和治理能力现代化，社区治理只能加强、不能削弱。习近平总书记要求，要重视和加强基层干部队伍建设，帮助他们深入改进作风、提高能力素质，把基层党组织建设强、把基层政权巩固好。

为深入学习贯彻习近平总书记关于加强基层基础工作、提高基层治理能力等重要指示精神，贯彻落实党中央关于全面推进乡村振兴、健全党组织领导的城乡基层治理体系的决策部署，提高城市和农村基层干部能力和素质，中央组织部组织有关单位聚焦乡村振兴、城市基层治理培训主题，编写了全国基层干部学习培训教材，供各地区各部门和干部教育培训机构以及广大基层干部学习使用。

这批培训教材按照"政策解读、案例示范、实操练习"的总体框架，展示了在习近平新时代中国特色社会主义思想指引下全面推进乡村振兴和城市基层治理的实践成果，是基层干部学习的鲜活宝库和范例。组织基层干部深入学习这批教材，有利于深化基层干部对乡村振兴和城市基层治理重大意义、丰富内涵、生动实践的理解，提高基层干部全面推进乡村振兴、推进基层治理现代化的能力。

全国干部培训教材

编审指导委员会办公室

2021 年 11 月

目　录

加强党对城市基层治理的全面领导

加强城市基层政权治理能力建设

健全城市基层群众自治制度

推进城市基层法治和德治建设

加强城市基层智慧治理能力建设

加强城市基层治理的组织保障

导　言

城市是人类文明的标志，没有城市的成功崛起，就不会有一个国家的真正崛起。城市人口集中，社会成分复杂，做好城市基层治理工作是管好城市的基础。党的十八大以来，以习近平同志为核心的党中央高度重视城市工作，习近平总书记就加强和创新城市基层治理发表了一系列重要论述，为城市基层治理指明了方向、提供了根本遵循。党中央、国务院出台一系列政策文件，对城市基层治理进行部署谋划，对城市基层党的建设提出明确要求，为推进新时代城市基层治理现代化建设提供了制度保障。

治国安邦，重在基层。党的十八大以来，在以习近平同志为核心的党中央坚强领导下，各地区各部门把抓基层强基础工作摆在更加突出的位置，积极探索符合城市特点和规律的城市基层治理新路径，体现了鲜明的时代特征。

一是更加注重加强党对城市基层治理的领导。党中央从政策体系、体制机制、方法路径上进行整体谋划和系统设计，强调以提升组织力为重点，以建立严密的组织体系为抓手，严格选优配强基层党组织带头人，有效发挥城市基层党组织的政治优势，在压实领导责任、加强分类指导和夯实基础保障等方面持续发力，不断加强党对城市基层治理的领导，城市基层党组织的领导力、战斗力、凝聚力和号召力得到增强。

二是更加强调健全城市基层治理体系。党中央出台了一系列政策文件，提出要"完善党委领导、政府负责、民主协商、社会协同、公众参与、法治保障、科技支撑的社会治理体系"，"健全党组织领导的自治、法治、德治相结合的城乡基层治理体系"，突出家庭家教家风和道德文化等在城市基层治理中的独特作用，从加大对社会组织的培育扶持力度、健全党组织对群团组织和社会组织的领导、加强对基层社会力量的管理服务等方面，对新时代城市基层社会治理共同体建设进行了部署，为建设共建共治共享的城市基层治理体系指明了方向。

三是更加强调对城市基层政权赋能。党中央、国务院持续推动社会治理重心向基层下移，不断向基层赋权赋能，提出增强街道行政执行、为民服务、议事协商、应急管理和平安建设等能力，依法赋予街道综合管理权、统筹协调权和应急处置权，并探索依法赋予街道行政执法权，整合现有的执法资源和力量。强调健全社区管理和服务机制，从优化社区服务资源配置、提升社区治理服务能力、补足社区治理短板等方面着手，全面提升城市社区治理法治化、科学化、精细化水平和组织化程度，推进城市社区治理体系和治理能力现代化。

四是更加强调城市基层治理智慧化建设。随着大数据、人工智能、区块链等信息技术的飞速发展和应用，城市基层治理的智慧化、精细化水平不断提升。为更好地指导和促进城市基层智慧化治理，党中央、国务院颁布了一系列政策文件，持续推进智慧化基础设施和基础平台建设，不断加强信息网络基础设施建设与改造，健全完善城市社区智慧化服务体系，不断提升城市基层治理智能化水平。

五是更加强调城市基层治理干部队伍建设。党中央坚持严管和厚爱结合、激励和约束并重，从严管理监督干部，坚持有权必有责、有责要担当、失责必追究，坚持高标准、严要求，严肃责任考核和追究，致力于形成不敢腐、不能腐、不想腐的长效机制，将权力关进制度的笼子里。充分发挥考核评价的激励导向作用，做好容错纠错工作，积极为基层干部减负，鼓励激发广大干部敢于担当、善于作为。

为了更好地帮助城市基层干部了解党中央、国务院关于城市基层治理的大政方针和系列政策文件精神，了解党的十八大以来党和国家对城市基层治理提出的新要求，我们编写了《城市基层治理政策法规解读》一书。本书以习近平新时代中国特色社会主义思想为指导，坚持新时代党对城市基层治理的领导，紧扣城市基层干部工作实际，采用问答形式解读党的十八大以来城市基层治理系列政策文件的主要精神，以及城市基层治理需要着重把握的点，力求简明扼要、务实管用。全书由三大板块共七个部分构成，第一板块主要对城市基层治理的总体要求进行解读，第二板块主要对城市基层治理中的重点任务进行解读，第三板块主要对城市基层治理的组织保障进行解读。

城市基层治理的总体要求

1. 什么是城市基层治理？

2021 年 4 月，中共中央、国务院印发《关于加强基层治理体系和治理能力现代化建设的意见》，这是以习近平同志为核心的党中央对基层治理体系和治理能力现代化建设的科学谋划和总体部署，是推进新时代基层治理现代化建设的纲领性文件。文件明确指出：“统筹推进乡镇（街道）和城乡社区治理，是实现国家治理体系和治理能力现代化的基础工程。”城市基层治理主要指街道和社区治理。

2. 当前和今后一个时期城市基层治理的总体思路是什么？

中共中央、国务院印发的《关于加强基层治理体系和治理能力现代化建设的意见》明确了当前和今后一个时期城市基层治理的总体思路，这就是：以习近平新时代中国特色社会主义思想为指导，坚持和加强党的全面领导，坚持以人民为中心，以增进人民福祉为出发点和落脚点，以加强基层党组织建设、增强基层党组织政治功能和组织力为关键，以加强基层政权建设和健全基层群众自治制度为重点，以改革创新和制度建设、能力建设为抓手，建立健全基层治理体制机制，推动政府治理同社会调节、居民自治良性互动，提高基层治理社会化、法治化、智能化、专业化水平。

3. 当前和今后一个时期，加强城市基层治理体系和治理能力现代化建设工作的主要目标是什么？

加强基层治理体系和治理能力现代化建设工作是一项系统工程，需要从多个维度整体推进。对照"十四五"时期发展目标及 2035 年远景目标，我国加强基层治理体系和治理能力现代化建设工作包括两个阶段性工作目标。

第一个阶段，力争用 5 年左右时间，建立起党组织统一领导、政府依法履责、各类组织积极协同、群众广泛参与，自治、法治、德治相结合的基层治理体系，健全常态化管理和应急管理动态衔接的基层治理机制，构建网格化管理、精细化服务、信息化支撑、开放共享的基层管理服务平台；党建引领基层治理机制全面完善，基层政权坚强有力，基层群众自治充满活力，基层公共服务精准高效，党的执政基础更加坚实，基层治理体系和治理能力现代化水平明显提高。

第二个阶段，在实现第一阶段工作目标的基础上，力争再用 10 年时间，基本实现基层治理体系和治理能力现代化，中国特色基层治理制度优势充分展现。

这一工作目标明确了加强基层治理体系和治理能力现代化建设的时间表和路线图。其中，"党组织统一领导"是基层治理体系的鲜明特征，也是中国特色基层治理制度优势所在。

4. 进入新时代，城市基层治理面临哪些新情况新变化？

近年来，随着工业化、城镇化进程的加快，我国城市基层治理中出现了许多新情况、新变化。城市基层治理要与经济社会发展和人民群众的需求相适应，与时俱进、守正创新，不断转变工作思路、工作方式。

一是城市人口流动加速。截至 2020 年 11 月 1 日零时，我国常住人口城镇化率达到 63.89%，但户籍人口城镇化率仅为 45.4%。我国城市常住人口中有相当大一部分属于非户籍流动人口。如何加强流动人口管理服务，让他们共享城市发展成果，是城市基层治理的重大课题，对于城市基层社会稳定和发展意义重大。

二是非公有制经济组织和社会组织大量涌现。公有制经济、非公有制经济和混合所有制经济并存，社会组织迅速发展。各类经济主体和社会组织逐渐成为城市基层社会治理的重要力量。出现了民营企业和外商投资企业管理技术人员、中介组织和社会组织从业人员等许多新的社会阶层人士。如何进一步加强党对非公有制经济组织和社会组织的领导，是城市基层治理工作的重要内容。

三是互联网深刻改变城市基层社会结构。当前，互联网已经深深渗透到城市基层治理的方方面面，城市基层治理中的许多问题因网而生、因网而增、因网而变。群众上了网，民意也就上了网。因此，做好城市基层治理工作要善于运用网络及时了解民意、倾听民声、体察民情。

四是城市基层社会矛盾呈现新特点。随着我国城市化进程不断加快，征地拆迁、企业改制、环境治理、物业管理等方面的新的矛盾不断显现，迫切需要健全城市基层矛盾纠纷一站式、多元化解决机制。

5. 党的十八大以来城市基层治理有哪些宝贵经验？

治国安邦重在基层。在长期的实践探索中，我国城市基层治理形成了一套相对稳定且行之有效的制度，积累了宝贵经验。

一是坚持党建引领。党的基层组织在城市基层治理中发挥着战斗堡垒作用，坚持基层党建引领基层治理，构建党组织统一领导、各类组织积极协同、广大群众广泛参与的基层治理体系，有利于城市改革发展稳定。

二是始终坚持以人民为中心。积极推动民主协商在城市基层广泛、多层和制度化发展，寻求全社会意愿和要求的最大公约数，凝聚城市基层社会治理的最大共识。坚持城市基层治理依靠人民、为了人民，广泛调动各方主体参与城市基层治理的积极性，城市基层社会治理共建共治共享的同心圆日益扩大。

三是坚持自治、法治、德治相结合。自治是城市基层运行的重要依托，开展自治有利于激发基层群众的积极性、主动性，有利于减少社会矛盾冲突。要不断探索创新城市基层群众自治实现的途径和载体，做到民主选举、民主决策、民主管理、民主监督。坚持运用法治思维推进城市基层社会治理，运用法治方式破解工作中的各类难题，引导基层群众养成运用法律行使权利、解决矛盾纠纷的习惯。积极培育和践行社会主义核心价值观，通过群众身边的道德榜样示范、模范文明家庭创建等活动，城市基层以邻为伴、与邻为善的良好氛围初步形成。

四是不断丰富城市基层治理的内容和形式。通过深入开展以居民会议、议事协商、民主听证等为主要形式的民主决策实践，以自我管理、自我服务、自我教育、自我监督等为主要目的的民主治理实践，以居务公开、民主评议等为主要内容的民主监督实践，全面推进城市基层群众自治制度化、规范化、程序化。

五是坚持把城市治理的重心放到基层，放到社区。党的十八大以来，党中央、国务院不断给基层放权、赋能、减负，使基层党组织和政权组织有职有权地开展工作，基层干部的待遇保障不断加强，基层治理能力不断提升。

6. 城市基层治理应该遵循哪些工作原则？

中共中央、国务院印发的《关于加强基层治理体系和治理能力现代化建设的意见》，明确了加强基层治理体系和治理能力现代化建设"四个坚持"工作原则，这也是城市基层治理必须把握的基本原则。

一是坚持党对基层治理的全面领导，把党的领导贯穿基层治理全过程、各方面。中国共产党的领导是中国特色社会主义最本质的特征，也是中国特色社会主义制度的最大优势。要坚持和加强党对城市基层治理工作的领导，健全党领导城市基层治理工作的体制机制，推进城市基层党组织建设，把城市基层党组织建设成为领导基层治理的坚强战斗堡垒，为城市基层治理提供坚强有力的政治保证，确保城市基层治理始终保持正确政治方向。

二是坚持全周期管理理念，强化系统治理、依法治理、综合治理、源头治理。2020 年 3 月，习近平总书记在武汉考察时提出，要树立"全周期管理"意识，为探索超大城市现代化治理新路子指明了方向。全周期管理理念在城市基层治理中有不同的体现，在权力运行和决策中，包括决策、执行、监督的周期；在城市基层工作推进中，有部署、贯彻、验收的周期；在风险和危机应对中，有风险评估、预防、应对处置、事后恢复的周期等。城市基层治理要坚持全周期管理理念的工作原则，就是要做到前期积极预防控制、中期高效执行、后期总结反思。

三是坚持因地制宜，分类指导、分层推进、分步实施，向基层放权赋能，减轻基层负担。我国城市数量众多、类型多样，不同城市中街道社区的情况千差万别，在推进城市基层赋权减负的过程中，要坚持因地制宜，分类指导、分层推进、分步实施，要坚持推动工作重心下移、权力下放、力量下沉，确保基层权力给基层、基层事情基层办、基层事情有人办。要坚持用是否有利于城市基层建设和发展、是否有利于提升群众的满意度和获得感来衡量自身工作，把为基层减负落到实处，真正把不必下发的文电、不必召开的会议、不用开展的监督检查减掉，让基层干部从填表格、做资料等烦琐的事务中解脱出来，有更多的时间和精力抓落实、强服务、促发展。

四是坚持共建共治共享，建设人人有责、人人尽责、人人享有的基层治理共同体。习近平总书记指出："社会治理是一门科学，管得太死，一潭死水不行；管得太松，波涛汹涌也不行。"要讲究辩证法，处理好活力和秩序的关系。推进城市基层治理现代化，要坚持党委领导、政府负责的制度安排，确保党的路线方针政策贯彻落实到位；也要注重发挥社会力量在城市基层治理中的作用，善于运用自治、法治、德治和科技手段，最大限度地调动多方力量参与到城市基层治理中，形成人人有责、人人尽责、人人享有的城市基层社会治理共同体，使城市基层社会充满活力。

7. 怎样理解人人有责、人人尽责、人人享有的基层治理共同体？

建设人人有责、人人尽责、人人享有的基层治理共同体，能够进一步提升基层社会治理的民主性、科学性和凝聚力，需要党委、政府、社会、市场主体、人民群众相互合作、共同协商。

一是坚持共建共治共享。党的十九届四中全会提出要坚持和完善共建共治共享的社会治理制度，完善党委领导、政府负责、民主协商、社会协同、公众参与、法治保障、科技支撑的社会治理体系。与党的十九大报告提出的"完善党委领导、政府负责、社会协同、公众参与、法治保障的社会治理体制"相比，增加了民主协商、科技支撑的内容，更加注重从"体制"向"体系"转变。一字之差表明，社会治理不仅要强调制度安排，也要注重体系运行，将社会治理的制度优势转化成社会治理效能。首先要发挥党委、政府、社会组织、市场主体、人民群众等各方力量积极作用，共同参与城市基层治理，形成工作合力。其次要综合运用多种治理手段，积极推进基层政府职能转变，发展基层民主协商。再次要坚持民生优先，不断完善幼有所育、学有所教、劳有所得、病有所医、老有所养、住有所居、弱有所扶的基层公共服务体系，将贴心服务送到基层、问题解决在基层、矛盾纠纷化解在基层。

二是坚持人人有责。基层治理共同体建设要坚持人人有责。人人有责强调的是各类主体应共同参与基层治理。习近平总书记强调，治理和管理一字之差，体现的是系统治理、依法治理、源头治理、综合施策。因此，基层治理共同体建设既要党委领导和政府负责，在教育、医疗、社保、卫生及基层公共服务等领域，通过一系列的政策安排和体制机制的完善，为各类市场主体和社会力量提供优质服务，同时，也要突破传统的管理与被管理的简单关系，积极加强党委、政府与其他社会力量之间的相互协商、合作和信任，提升社会力量参与基层治理的能力和水平，促进各类主体平等、公平、民主参与基层治理。

三是坚持人人尽责。当前，随着经济社会进步、科技手段发展和政府行政观念的转变，民众参与社会治理的意愿增强、手段多样、成果更加丰富。这就需要在加强党委领导核心作用的基础上，为各类市场主体和社会力量凭借各自优势参与基层治理提供机会，完善和畅通参与渠道，积极引导和推动各类群体和个人合理表达诉求，依法依规参与基层社会治理，努力实现从"政府包揽"向"多方共治"转变，保障广大人民群众的参与权，形成基层社会治理合力。

四是坚持人人享有。人人享有强调的是各类主体共享基层社会治理成果。共享是中国特色社会主义的本质要求，基层社会治理归根到底就是要增加人民群众的福祉。改革开放以来，我国经济社会发展成就举世瞩目，但区域之间、城乡之间、不同群体之间仍存在一定差距。解决这些问题的关键就在于坚持在基层社会治理中落实共享发展理念。基层社会治理要不断强化改善民生的举措，坚持守住底线、突出重点，保障社区低收入群体的基本生活。着力解决好基层广大人民群众最关心、最直接、最现实的利益问题，让广大人民群众共享发展和治理成果，提升人民群众的获得感、幸福感、安全感。

8.如何构建党委领导、党政统筹、简约高效的城市街道管理体制？

近年来，随着我国经济社会的发展，基层政权在国家治理体系中的地位和作用日益突出。但在实践中，基层治理体制与快速的经济社会发展要求仍有许多不适应。一方面，上级政府下放任务和工作，不放权力。另一方面，城市基层权责不统一、经费不足、人员不够，任务和责任较多，使得城市基层不堪重负。在此背景下，中共中央、国务院印发《关于加强基层治理体系和治理能力现代化建设的意见》，再次强调"构建党委领导、党政统筹、简约高效的乡镇（街道）管理体制"，为城市基层政权改革明确了方向。

一是提升街道党（工）委统筹协调能力。街道管理体制改革是先手棋，使街道从"行政末梢"加速向"治理枢纽"转变，对城市各类组织和各类人群都能兜得住、管得了，组织相互服务，共同参与治理。推动街道党（工）委聚焦主责主业，集中精力抓党建、抓治理、抓服务。按照重心下移、权责一致原则，赋予街道党（工）委相应职责职权。区(县、市、旗)职能部门派驻街道机构负责人的考核考察和选拔任用，应当征求街道党(工)委意见；城市规划制定实施中涉及街道的相关内容，应当听取街道党（工）委意见；涉及街道的公共事务，一般由街道党（工）委综合管理。搭建区域化党建平台，推行机关企事业单位与街道社区党组织联建共建。

二是加强城市基层政权建设，统筹职能配置、编制资源，设置综合性内设机构。首先，机构设置切忌"上下一般粗"，城市基层政权机构设置和人力资源调配必须面向人民群众、符合城市基层事务特点，不简单照搬上级机关设置模式。上级机关要优化对城市基层的领导方式，既允许"一对多"，由一个基层机构承接多个上级机构的任务，也允许"多对一"，由基层不同机构向同一个上级机构请示汇报。其次，根据工作实际需要，整合城市基层的审批、服务、执法等方面力量，将相近的职能整合在一个部门或平台中，做到协同高效。统筹机构编制资源，整合相关职能设立综合性机构，把条的管理与块的治理协同起来，实行扁平化和网格化管理。最后，除党中央明确要求实行派驻体制的机构外，县直部门设在街道的机构原则上实行属地管理。继续实行派驻体制的，要纳入街道统一指挥协调。

三是坚持向街道赋权赋能减负，健全街道协同治理机制。首先，尽可能把资源、服务、管理放到基层，使街道有人有权有物，保证街道事情街道办、街道权力给街道、街道事情有人办。其次，探索建立街道职责准入制度，职能部门将职责范围内的行政事务委托或交由街道承担的，需审核报批并充分听取基层意见。同时，建立严格的清单管理制度，减轻城市基层负担。最后，充分激发街道、市场、社会组织、民众等多方力量参与城市基层治理，通过协商、合作的方式参与城市基层公共事务治理。优化街道政务服务流程和服务方式，全面推进一窗式受理、一站式办理，加快推行市域通办，逐步推行跨区域办理，最大限度方便群众。

9. 新时代应构建什么样的城市基层管理服务平台？

中共中央、国务院印发的《关于加强基层治理体系和治理能力现代化建设的意见》提出，要"构建网格化管理、精细化服务、信息化支撑、开放共享的基层管理服务平台"。加强基层管理服务平台建设，是优化社区治理和服务效能的重要抓手，是加强基层治理体系和治理能力现代化建设的一项重要举措。

一是进一步提升网格化管理水平。要依托社区统一划分综合网格，明确网格管理服务事项，使网格和居民小组、小区范围相一致，实现"多网共享，一网办理"，使基层治理力量协同发挥作用。要结合实际，科学设定城市社区网格以及各种专属网格的覆盖范围和管理措施，推进全域网格建设，充分发挥网格化管理在构建简约高效的基层管理体制过程中的重要作用，使基层有能力、有条件为群众提供优质服务。

二是进一步加强精细化服务能力。要优化街道政务服务流程，全面推进一窗式受理、一站式办理，逐步推行跨区域办理。定期开展民主协商，拓宽居民反映意见建议的渠道，对基层治理中的问题进行精确瞄准、精准施策。推动公共服务标准化，建立符合本地实际的基层公共服务标准体系，对基层公共服务流程进行逐项分析诊断，使各项流程更加清晰、严密、准确。将精细化服务理念贯穿到整个基层治理工作中。

三是进一步加大信息化支撑力度。要将街道、社区纳入信息化建设规划，统筹推进智慧城市、智慧社区基础设施、系统平台和应用终端建设。同时，推动有条件的地区探索建设水电、能源、交通等智慧化基础设施，结合物联网、无线网的全面布局，使数据提取和交互更加便捷。要加快全国一体化政务服务平台建设，推动各地政务服务平台向街道和有条件的社区延伸，有效整合各类基层资源。

四是开放共享程度进一步加深。要完善街道与部门政务信息系统数据资源共享交换机制。推进社区数据资源建设，实行社区数据综合采集，实现一次采集、多方利用。探索突破各类数据的部门分割和层级限制，推动政府数据和社会数据的交流融合，不断提升基层治理数据信息的整合优化、统筹利用、分级管理及互认共享能力，逐步打破"信息孤岛"。在保证信息开放共享的同时，健全公共数据的安全保障体系。

10. 如何健全常态化管理和应急管理动态衔接的城市基层治理机制？

近年来，城市基层治理中所面临的灾害、安全事故、疫情等突发公共事件逐渐增多，不断考验着城市基层治理体制。特别是突如其来的新冠肺炎疫情是对我国城市基层治理体系和治理能力的一次大考。在认真总结基层疫情防控特别是社区防控经验的基础上，中共中央、国务院印发《关于加强基层治理体系和治理能力现代化建设的意见》，要求"健全常态化管理和应急管理动态衔接的基层治理机制"。

一是把风险隐患排查、防患于未然作为城市基层治理的重要工作。首先，明确街道、社区、网格（居民小组）的管理职责，将人、地、物、事、组织等基本要素纳入管理范畴，做到信息掌握到位、矛盾化解到位、治安防控到位、便民服务到位。其次，整合各种资源力量，加强基层综合平台建设，街道社区依托综合平台开展矛盾纠纷联调、社会治安联防、重点工作联动、风险治安突出问题联治、服务管理联抓、基层平安联创。按照属地管理原则定期、定时对基层社会风险隐患进行排查梳理，提升城市基层风险早期识别和预报预警能力，降低城市基层的潜在风险。

二是加强城市基层应急管理能力建设。首先，在街道层面，强化街道属地责任和相应职权，构建多方参与的社会动员响应体系。健全城市基层应急管理组织体系，细化街道应急预案，做好风险研判、预警、应对等工作。建立统一指挥的应急管理队伍，吸纳社会力量参加基层应急救援，加强应急物资储备保障。其次，在社区层面，合理确定社区规模，发挥居民委员会下设的公共卫生等委员会作用，组织开展卫生防疫知识和应急知识普及，深入开展爱国卫生运动。在应急状态下，由社区"两委"统筹调配本区域各类资源和力量，组织开展应急工作。最后，在县级以上层面，在明确街道、社区综合服务设施功能和面积、推进综合服务设施建设时，要考虑应急等功能。

三是加强城市基层治理的智慧化、精细化水平。城市基层治理工作千头万绪，实现常态化管理和应急管理动态衔接，需要充分运用大数据、人工智能赋能。首先，将街道、社区纳入信息化建设规划，统筹推进智慧城市、智慧社区基础设施、系统平台和应用终端建设，强化系统集成、数据融合和网络安全保障。健全基层智慧治理标准体系，推广智能感知等技术。其次，完善街道与部门政务信息系统数据资源共享交换机制。推进社区数据资源建设，实行社区数据综合采集，实现一次采集、多方利用，让数据多跑路，让群众少跑腿。

11. 当前城市基层治理体制存在哪些弱项？

随着新型城镇化快速推进，城市社会结构、生产方式和组织形态发生深刻变化。城市流动人口数量增加，非公有制经济组织和社会组织大量涌现，新经济新业态改变了城市传统社会格局，互联网渗透到城市生活的方方面面，人民对美好生活的需要日益增长，社会矛盾也更加复杂。面对这些新要求新挑战，城市基层治理体制还存在一些不适应的方面。

一是城市基层治理主体尚未形成合力。首先，在横向上，条线部门各自为政，不愿将资源和信息共享，囿于各自的职责范围，难以形成基层治理的整体合力。其次，在纵向上，治理任务被层层转移到基层，基层政府承担了大量社会治理事务。再次，"条块"间彼此分割、难以协调，如街道与部门派出机构的职权难以协调。最后，城市基层各领域党建互联互动未形成常态，部分地区工作只有物理上的结合，还没有真正产生"化学反应"。

二是城市基层治理效能有待提升。基层自治组织的行政化倾向明显，社会组织参与社会治理的路径有限。基层治理中的形式主义不同程度地存在。

三是城市基层社区组织服务群众的内在动力有待加强。在现实中，居委会承接了大量行政事务，基层负担依然偏重，很多社区存在主要工作内容与其职能不对等的现象，推进党建工作和服务居民的精力不足，近距离接近群众、服务群众、联系群众的优势没有得到有效发挥。

加强党对城市基层治理的全面领导

12. 为什么必须加强党对城市基层治理的领导？

城市基层党组织是党在城市全部工作和战斗力的基础。加强和改进城市基层党建是贯彻落实习近平总书记关于加强基层党建基层治理重要指示要求、坚持党对城市工作全面领导的重要基础性工作，是推进城市高质量发展的重要保证。

一是加强党对城市基层治理的领导是夯实党在城市执政基础、推进城市治理体系和治理能力现代化的核心。改革开放以来，随着我国城镇化进程快速推进，城市社会结构、生产方式和组织形态深刻变化，人民对美好生活的需要日益增长，必须提升城市基层党建整体效应，充分调动城市基层各类组织、各类群体积极性，整合各方面力量资源，为建设和谐宜居、富有活力、各具特色的现代化城市提供坚强组织保证。

二是加强党对城市基层治理的领导是基层治理现代化进程始终遵循正确发展方向的保障。当前我国改革进入深水区和攻坚期，各种矛盾和风险交织叠加，人民群众的民主意识、法治意识、权利意识等不断提升，对社会公正、安全、和谐等美好生活需要日益提升，亟须提高基层治理的专业性、精准性和实效性。要落实基层治理的各项方针政策，确保城市基层治理沿着正确的方向蹄疾步稳地持续取得实效，必须加强党全面领导城市基层治理的制度建设。

三是加强党对城市基层治理的领导是社会主义制度优势转化为基层治理效能的要求。社会主义制度的内在优势需通过科学有效的国家治理实践转化为实际优势。中国共产党的领导是中国特色社会主义制度的最大优势，决定着其他各项优势的成效。加强党对城市基层治理的领导，为党的领导制度体系建设夯实基石，确保处于中国特色社会主义制度统领地位的党的领导制度系统完备且运转有效。

四是加强党对城市基层治理的领导是推动党的领导制度体系更加成熟定型的关键。总揽全局、协调各方的党的领导制度体系，是中国特色社会主义制度和国家治理体系的重要依托。加强党对城市基层治理的领导是坚持中国特色社会主义制度、完善党的领导制度体系和推进国家治理体系和治理能力现代化的关键举措。

五是加强党对城市基层治理的领导是社会治理重心下移的客观要求。当前，基层治理"最后一公里"还没有完全打通，部分基层组织发育不健全、功能不完善，难以发挥应有的作用；基层政府由于权力、资源配置和机构设置不合理，难以做到便民高效；一些基层干部能力不强、担当不够。这就迫切需要构建党组织统一领导、各类组织积极协同、人民群众广泛参与的基层治理体系，提升基层干部的本领，把党的力量和主张传递到"神经末梢"。

13. 当前城市基层党建面临哪些新情况新变化新要求？

城市基层党组织是党在城市全部工作和战斗力的基础。改革开放以来，随着我国社会结构、生产方式和组织形态的深刻变化，人民对美好生活的需求日益增长，城市基层党建工作的环境、对象、方式也发生诸多深刻变化。要准确把握这些变化，努力走出一条新形势下做好城市基层党建工作的新路子，充分发挥党的组织优势，不断提升党的城市工作水平。

目前，城市基层党建面临的新形势主要有：城市化进程中出现许多新情况，城市经济社会结构发生许多新变化，人民群众对美好生活的向往提出许多新要求。这些新情况新变化新要求，同改革开放前大不相同，同改革开放初期大不相同。事业在发展，形势在变化，过去适应的现在不一定适应，以前有效的现在不一定有效。经济领域、社会管理领域要转变方式，党建工作也要与时俱进，守正出新，转变工作思路、工作作风、工作方式，始终与经济社会发展的要求和人民群众的期待相适应。

14. 为什么要积极探索城市基层党建引领基层治理，有效途径有哪些？

城市基层治理是国家治理体系的重要组成部分，理所当然要加强党的领导，把党的建设放在首位，以党的建设贯穿城市基层治理、保障城市基层治理、引领城市基层治理。近些年来，各地积极探索城市基层党建引领基层治理，形成了一批行之有效的党建引领基层治理的模式。但一些地方城市基层党组织弱化、虚化、边缘化问题尚未得到根本解决，有的城市基层党建工作总体设计、系统推进不够，各自为战、工作碎片化等问题依然突出，迫切需要加强城市基层党组织的统筹协调能力，继续探索加强城市基层党的建设引领基层治理的有效路径。城市基层党建引领基层治理的有效途径主要有以下几方面。

一是加强政治引领。当前，城市基层中活跃着各类组织特别是社会组织，它们发展快、人员多，有些社会组织还带有政治色彩。

党组织必须发挥自身政治功能，加强政治引领。政治引领说到底是方向引领、根本引领。要引领各类组织坚定不移地维护以习近平同志为核心的党中央权威，在党的领导和中国特色社会主义旗帜下行动，使城市基层治理始终沿着正确方向健康发展。

二是坚持组织引领。在城市基层治理中，党组织是凝聚各类组织的核心，要善于把党组织的意图变成各类组织参与治理的举措，善于把党组织推荐的人选通过一定程序明确为各类组织的负责人，善于引领各类组织做好服务群众工作并在服务中凸显党组织的地位，善于把党组织的主张转化为群众的自觉行动。党组织是城市基层治理的主心骨，党组织引领好，各类组织都会成为党的左膀右臂，为城市基层治理增添力量。

三是坚持能力引领。基层治理水平直接影响国家治理水平，基层治理能力关系国家治理能力。做好群众工作，化解各类矛盾，促进和谐稳定，加强社会治理，这是党组织的独特优势，也是看家本领。要充分发挥这种能力优势，引领各类组织在协调各方利益关系中掌握协商方法，在处理复杂问题中抓住主要矛盾，在调处各种纠纷中学会依法办事，在应对突发事件时临危不乱、专业规范、稳妥处置。

四是坚持机制引领。机制引领的要义，是把党组织引领各类组织制度化，使基层党建制度与基层治理机制有机衔接、良性互动。当前，重要的是健全党组织领导下的基层群众自治制度、民主协商制度、群团带动机制、社会参与机制，让党建引领有抓手、好操作、能持久。党组织要引领各类组织自我约束、自我管理、自我教育、自我服务。发挥居民公约、行业规章、团体章程等社会规范的作用。总之，党组织要引领各类组织和广大群众共建共治共享，群众的事情组织群众多商量，大家的事情组织大家多参与，真正实现人民城市人民建、人民城市人民管。

15. 怎样健全市、区、街道、社区党组织四级联动体系？

城市基层党建是一个系统工程，市、区、街道、社区四级党组织是这一工程的主体架构，哪个层级出了问题，都会影响正常运转。各级都要重视基层、支持基层、抓好基层，发挥基层作用。要以系统的思维和方法，使四级党组织联动起来。

一是健全组织联动体系。街道层面，要建立党建联席会议，由党工委书记负责，吸收有关单位、非公有制经济组织和社会组织党组织负责同志参加，协调推动基层党建工作。社区层面，党组织领导班子成员除专职党务干部外，注重吸收社区民警、业委会、物业公司中的党员负责人参加。

二是健全责任联动体系。要建立健全市、区、街道、社区四级联动的明责、履责、问责体系，各负其责、协同用力。市委履行主体责任，抓好总体规划和全面指导，协调解决重大问题。区委履行第一责任，提出思路目标，加强具体指导。街道党工委履行直接责任，统筹抓好社区党建、驻区单位党建、非公有制经济组织和社会组织党建。社区党组织履行具体责任，认真贯彻落实上级党委部署的各项任务，履行辖区内小微企业和社会组织党建工作兜底管理职责。把市、区、街道、社区党组织书记履行党建责任情况纳入述职评议考核，考评结果作为评价使用干部的重要依据。

三是健全制度联动体系。推进四级联动，要靠各级党组织自觉，还要靠制度的刚性约束。制度联动的核心是上下衔接、系统配套、执行有力、发挥作用。要通过联动共建破解基层治理力量薄弱困局，通过组织联动、活动联办、服务联手，把更多的资源、力量盘活在基层。

16. 如何推进街道社区党建、单位党建、行业党建互联互动?

城市基层党建是"一盘棋"，街道社区党建、单位党建与行业党建是重要的组成部分。深化城市基层党建，必须强化街道社区党建、单位党建与行业党建互联互动。

一是凝聚共驻共建、互联互动共识。各个系统各个领域各个单位，看上去各自独立，但实际上相互渗透、相互贯通、相互联系。这是实现共驻共建、互联互动的基础和起点。以街道社区党组织为主导，健全街道社区党组织兼职委员制，更好发挥兼职委员及其所在单位共建作用。推动市、区两级机关和企事业单位党组织、在职党员到社区报到全覆盖，采取承诺践诺、志愿服务等做法参与社区治理、有效服务群众。

二是建立开放性的互联互动纽带。用开放的视野、开放的思维、开放的胸怀来推动各领域党组织共驻共建、互联互动。首先，组织共建。包括签订共建协议、干部交叉任职、人才结对培养等。其次，活动共联。包括共同开展党组织活动、共同开展党员教育等。最后，资源共享。包括信息共享、阵地共享、文化共享、服务共享等。各级党组织要把资金、场地、人才等资源整合起来，发挥其最大效益。

三是坚持条条和块块双向用力。行业系统部门对业务工作与党建工作负有双重责任，要主动融入属地中心任务和党建工作；块块负起统筹责任，把辖区内各类党组织纳入职责范围，形成"一盘棋"。行业系统部门定期与属地党委就党建工作进行沟通协商。上级考核行业系统部门工作和评价使用干部时，听取属地党委的意见；考核属地党委工作和评价使用干部时，听取行业系统部门党组织的意见。

17. 如何切实推进新兴领域党建？

习近平总书记指出，要加强社会组织党的建设，探索加强新兴业态和互联网党建工作。目前，城市商务楼宇、商圈市场、各类园区和互联网业等新兴领域大量涌现，丰富拓展了城市基层党建的内涵和外延。但是，新兴领域也具有基础薄弱、体制复杂、成分多元、影响力大等特点，对做好城市基层党建工作提出了新挑战。

一是推进商务楼宇党建覆盖。商务楼宇是"竖起来的园区"，每座商务楼宇入驻几十家甚至几百家企业或其他单位，单纯依靠上级党组织在入驻单位中逐个建立党组织，推动起来有难度。可以把一座商务楼宇视为一个单位，从"支部建在连上"到"支部建在楼上"，先把楼宇党组织建起来，由楼宇党组织推动入驻单位建立党组织。

二是推进商圈市场党建覆盖。商圈市场是城市最富活力、最有人气的区域，是小微企业和个体工商户众多、进城务工经商人员聚居的区域。党建工作说到底是人的工作，人群在哪里，党建工作就要跟进到哪里。从实践看，可以依托街道党工委或市场管理部门在商圈市场建立党组织，然后向商圈市场内的各个商家、店铺拓展延伸。依托工商、税务等监管部门，将企业党组织和党员等党建情况纳入"登记申报、年检年报"范围，从源头上把商圈市场党建抓起来。

三是推进园区党建工作。各类园区是非公有制经济组织和社会组织聚集区，要分层次、分类别、分区域推进党建覆盖。以园区为单位，建立党建工作机构，然后按照片区设立分支机构。在此基础上，能单独建立党组织的单独建立，暂不具备条件的，建立联合党组织。有的小微企业只有一两个党员，不具备单独建立党组织条件，可以依托街道社区、协会商会或产业链建立党组织，实现党的组织、活动、作用全覆盖。

四是推进互联网党建。以互联网为代表的新兴媒体，既是舆论传播的主要阵地，也是党建工作的重要阵地。互联网业影响日益广泛，要发挥党建工作优势确保其健康发展。各级网信办、新闻办及工商、税务等部门，应当担负起业务监管和党建指导双重责任，街道、社区党组织担负起党建工作兜底管理责任。依托行业监管部门建立行业党组织或行业协会党组织，统一管理重点互联网企业党建工作，不断提升新兴领域党的组织和工作覆盖质量。

18. 如何提升城市基层党组织的政治功能？

基层党组织是有政治使命和政治功能的政治组织，是确保党的路线方针政策和决策部署贯彻落实的基础。政治方向引领是基层党组织发挥政治功能的核心要素。

一是明确城市基层党组织的政治功能定位。城市基层党组织要突出政治性，明确政治组织属性，在具体工作中不能用行政命令和经济指标来衡量党建工作的实际效果。要以提升组织力为重点，突出政治功能，把企业、机关、学校、科研院所、街道社区、社会组织等基层党组织建设成为宣传党的主张、贯彻党的决定、领导基层治理、团结动员群众、推动改革发展的坚强战斗堡垒。

二是提升城市基层党组织的政治领导力、思想引领力、群众组织力、社会号召力。加强街道社区党组织对基层各类组织和各项工作的统一领导，健全在基层治理中坚持和加强党的领导的有关制度，涉及基层治理重要事项、重大问题都要由党组织研究讨论后按程序决定。

三是教育引导党员干部旗帜鲜明讲政治，增强"四个意识"、坚定"四个自信"、做到"两个维护"。加强对基层各类组织的政治引领和对居民群众的教育引导，坚决抵御国内外敌对势力、邪教组织和非法宗教活动的影响渗透，坚决同削弱和反对党的领导、干扰和破坏城市社会稳定的行为作斗争。企业、机关、学校、科研院所等基层党组织也要着眼履行党的政治责任，紧紧围绕党章赋予基层党组织的基本任务开展工作，严肃组织生活，严明政治纪律、政治规矩和组织纪律，充分发挥党组织的政治功能和政治作用。

19. 如何搭建城市基层的区域化党建平台？

区域化党建作为基层党建的新模式，以街道社区党组织为核心，通过整合社区、企事业单位的各类资源以深化主体间的协同合作，进一步拓宽区域服务的辐射范围，符合新时代城市发展的要求。

一是拓宽共建的平台。首先，积极引导街道社区党组织与辖区内单位党组织，如市直机构、高校、科研院所、医院等共同组建区域性党组织。其次，依托居民区、商务区、开发区等组建区域性党组织，打破单位界限，签订共建协议，合理划分服务网格，组建网格服务团队，做到有群众的地方就有党组织提供服务。最后，规模小、党员人数也较少的社会组织可以联合建立党组织。

二是更新完善共治理念。坚持整体思维和系统思维，弘扬健康文明的区域文化，强化思想引导，提高驻区单位及群众的思想认识，动员多方主体共同参与到区域化党建中来，把共建共治共享的理念融入具体的社会实践中。

三是积极开展共建活动。依托各个协同主体在街道成立联合党工委，定期召开协商议事会、工作例会等共商区域事务，包括解决群众诉求、提供公共服务项目、未来发展规划等主题内容，凝聚共建组织的核心力量，共谋区域发展。

四是建设区域党群活动服务中心。为群众提供政务政策咨询、民事调解、文体活动等服务。依托智慧党建系统，借助云数据、互联网媒体平台等，优化业务流程，推动区域党建可视化管理。加强与群众之间的沟通交流，形成区域专属的需求清单、资源清单和项目清单，按需供给，增强城市基层供需之间的匹配度。

20. 如何加强城市社区党的建设？

近年来，城市社区党组织推动发展、服务群众成效显著，但是也应看到，工作推进中还存在不平衡的问题，有的城市基层党组织软弱涣散，有的工作碎片化，有的统筹协调能力不强，需要着力破解。加强城市社区党的建设，要从以下四个方面着手。

一是加强城市社区党组织建设。整体优化提升社区党组织带头人队伍，规模较大的社区应当配备专职党务工作者协助书记抓党建。严肃党的组织生活，落实"三会一课"和党支部主题党日制度，持续整顿后进党支部，推进党支部标准化规范化建设。做好社区党组织按期换届工作。推行社区党员分类管理，定期排查流动党员，实行组织关系一方隶属、参加多重组织生活，注重发挥离退休党员作用。在抓重大任务落实中检验街道社区党组织战斗力，使街道社区党组织在推动城市改革发展、基层治理、民生改善、社会和谐中锻造提升。

二是增强城市基层党建的整体效应。首先，强化市、区、街道、社区党组织四级联动。逐级明确党建工作职责任务，市委抓好规划指导、区（县、市、旗）委提出思路目标、街道党（工）委抓好社区党建、社区党组织落实上级党组织部署的各项任务。其次，推进街道社区党建、单位党建、行业党建互联互动。以街道社区党组织为主导，建立开放性的互联互动纽带，加强组织共建。通过开展党日活动、组织协商会等活动，加强组织联系，通过整合盘活信息、阵地、文化、服务等实现资源共享。最后，创新党组织设置和活动方式，扩大新兴领域党建有效覆盖。

三是保障社区党组织的资源供给。加强对社区的工作支持和资源保障，统筹上级部门支持社区的政策，整合资金、资源、项目等，以社区党组织为主渠道落实到位。通过向社会购买公共服务，丰富社区服务供给，扩大服务范围，提升服务质量。针对社区工作者承担事务繁杂的情况，推进社区减负增效，清理各类考核考评过多的问题，建立居民群众满意、驻区单位满意的服务评价制度。

四是广泛应用现代网络信息技术。利用大数据平台，推广"互联网＋党建""智慧党建"等做法，整合各类党务信息，做好党建工作分析研判，利用微博、微信等互联网社交媒体，丰富党建工作内容和形式，巩固和扩大党的网上阵地。

21. 如何确保社区党组织有资源有能力为群众服务？

社区是社会治理的基础单元，城市社区党组织是党在城市基层工作和战斗力的基础，事关党和国家各项大政方针的贯彻落实，事关居民的切身利益和城市基层社会和谐稳定。加强和改进城市基层党的建设工作，确保社区党组织有资源有能力服务居民群众，对于坚持和加强党的领导、夯实党的执政基础、实现城市基层治理体系和治理能力现代化意义重大。

一是加强对社区的工作支持和资源保障。首先，统筹上级部门支持社区的政策，整合资金、资源、项目等，以社区党组织为主渠道落实到位。其次，加大财政保障力度，统筹使用各级部门投入社区的符合条件的相关资金，提高资金使用效率。不断拓宽社区治理资金筹集渠道，鼓励通过慈善捐赠、设立社区基金会等方式，引导社会资金投向社区治理领域。最后，对社区内有关重要事项决定、资金使用等，要发挥社区党组织的主导作用。

二是丰富社区服务供给，提升专业化服务水平。首先，采取向社会组织、市场主体、民办社工机构购买服务等方式，丰富社区服务供给。推动家庭服务、健康服务、养老服务、育幼服务等领域的社区社会组织主动融入社区便民服务网络，支持社区社会组织承接社区公共服务项目，为社区居民提供多种形式的服务。其次，编制社区服务体系建设规划，将综合服务设施建设纳入国土空间规划，优化以党群服务中心为基本阵地的城乡社区综合服务设施布局。

三是推动社区减负增效。首先，依据社区工作事项清单建立社区工作事项准入制度。上级部门不得把自己职责范围内的工作转嫁给社区，确需社区协助的，须经区（县、市、旗）党委和政府严格审核把关，并提供必要的经费和工作条件。其次，清理规范基层政府各职能部门在社区设立的工作机构和加挂的各种牌子，精简社区会议和工作台账，全面清理基层政府各职能部门要求基层群众自治组织出具的各类证明。最后，规范对城市社区的综合考核评比，实行基层政府统一对社区工作进行综合考核评比，各职能部门不再单独组织考核评比活动，取消对社区的"一票否决"事项。建立居民群众满意、驻区单位满意的服务评价制度。

22. 如何提升街道党组织统筹协调能力？

街道社区党组织是党在城市工作的基础。特别是随着社会治理重心的下移，街道在城市管理服务、凝聚居民群众、化解社会矛盾等方面的作用日益突出。然而，一些地方在街道党组织建设上用力不足、支持不够，片面抓项目抓税收，顾不上抓党建；有的街道挂牌的机构不少，但管得着、用得上的不多。针对这些问题，急需提升街道党组织统筹协调各方、领导基层治理的作用。

一是推动街道党（工）委聚焦主责主业，集中精力抓党建、抓治理、抓服务。首先，有步骤地取消街道招商引资的工作任务。直辖市、副省级城市、省会城市及经济社会发展水平较高的城市，应当全面取消街道承担的招商引资、协税护税等工作任务，暂不具备条件的可先在中心城区实行，再逐步推开。其次，探索街道职责准入制度。上级职能部门将职责范围内的行政事务委托或交由街道承担的，需审核报批并充分听取基层意见。上级部门不得以"责任状"、分解下达指标、考核验收等方式，将工作责任转嫁街道承担。

二是按照重心下移、权责一致原则，赋予街道党（工）委相应职责职权。首先，区（县、市、旗）职能部门派驻街道机构负责人的考核考察和选拔任用，应当征求街道党（工）委意见。其次，城市规划制定实施中涉及街道的相关内容，应当听取街道党（工）委意见。最后，涉及街道的公共事务，一般由街道党（工）委综合管理。有条件的地方，探索将派驻街道工作力量的指挥调度、考核监督等下放给街道。

三是整合街道党政机构和力量，统筹设置基层党建、公共管理、公共服务、公共安全等综合性机构。调整优化街道内设工作机构，按照精简、统一、高效原则，强化城市基层党建、基层治理、服务群众的机构和力量。除机构编制专项法律法规明确规定外，上级职能部门不得要求街道对口设立机构或加挂牌子。

四是健全与职责相适应的考评体系。对街道的检查考核，由区（县、市、旗）党委和政府统筹安排，上级职能部门一般不对街道进行直接考核，确需开展的按一事一报原则报批。

23. 城市基层服务型党组织建设的目标是什么？

长期以来，城市基层党组织在推动发展、服务群众、凝聚人心和促进和谐等方面发挥了重要作用。新形势下，城市基层党组织服务群众、做群众工作的任务更加繁重，这对强化城市基层党组织的服务功能提出了新的要求。

《关于加强基层服务型党组织建设的意见》提出，建设基层服务型党组织，要达到"六有"目标：一是有坚强有力的领导班子，建设服务意识强、服务作风好、服务水平高的党组织领导班子；二是有本领过硬的骨干队伍，培养带头服务、带领服务、带动服务的党员干部队伍；三是有功能实用的服务场所，建设便捷服务、便利活动、便于议事的综合阵地；四是有形式多样的服务载体，创新贴近基层、贴近实际、贴近群众的工作抓手；五是有健全完善的制度机制，形成规范化、常态化、长效化的工作制度；六是有群众满意的服务业绩，取得群众欢迎、群众受益、群众认可的实际成效。

这个目标涵盖了基层党组织建设的基本要素，既有班子也有队伍，既有自身建设也有群众评价，既有内部运行也有外部保障，是一个完整统一的体系。

24. 如何选优配强城市基层党组织带头人？

加强党对城市基层治理的领导，必须抓住"关键少数"，注重充实城市基层治理骨干力量，在"选""培""管"上下功夫。

一是要选好城市基层党组织带头人。推选责任心强、作风端正、能力水平高的党员干部为基层党组织带头人。加强基层党组织领导班子特别是书记队伍建设，创新选拔培养机制，采取上级选派、跟踪培养、群众推荐等方式，选拔党性强、能力强、改革意识强、服务意识强的党员担任党组织书记。选派得力党员干部到软弱涣散基层党组织担任书记或第一书记。街道党（工）委书记、副书记，组织委员、纪（工）委书记等应当纳入上一级党委管理。整体优化提升社区党组织带头人队伍，规模较大的社区应当配备专职党务工作者协助书记抓党建。强化党组织领导把关作用，坚决防止政治上的两面人，受过刑事处罚、存在涉黑涉恶及涉及宗族恶势力等问题人员，非法宗教与邪教的组织者、实施者、参与者等进入社区"两委"班子。

二是加强对城市基层党组织带头人的培训。教育培训是提高基层党组织带头人理论水平和业务能力的重要途径。要建好用好城乡基层干部培训基地和在线培训平台，注重加强基层干部特别是街道党政正职、村（社区）党组织书记的培训，引导他们提高为民服务本领，强化廉洁履职意识。按照分级负责、分类培训的原则，把各领域党组织书记轮训一遍，切实提高党员教育培训工作科学化水平，培养造就高素质党员队伍。

三是加强对城市基层党组织带头人的管理。在日常活动管理方面，坚持"三会一课"制度，发挥党支部教育管理党员的基础性作用。在队伍建设管理方面，建立健全社区党组织书记后备人才库，实行社区党组织书记县级党委组织部门备案管理。在换届工作管理方面，党的基层组织应严格执行任期制度，任期届满按期进行换届选举。根据党组织隶属关系和干部管理权限，上级党组织要切实负起责任，认真做好基层党组织领导班子调整配备等相关换届准备工作，及时提醒督促按期换届。

25. 如何提升城市基层党组织组织生活的实效性？

严格城市基层党组织组织生活，是加强党的建设的重要内容，对于在城市基层治理中充分发挥基层党组织的战斗堡垒作用具有非常重要的意义。提升城市基层党组织组织生活的实效性，需要把握以下三个方面。

一是严格落实"三会一课"、组织生活会、民主评议党员、谈心谈话等基本制度，通过组织生活严明党的纪律，查找解决问题，锤炼党性修养，推动基层党员在思想上认同组织、政治上依靠组织、工作上服从组织、感情上信赖组织。同时，强化基层党委的具体指导和严格把关责任，着力解决党支部年度组织生活计划不切实际、"上下一般粗"等问题。

二是创新组织生活形式，增强时代性和吸引力。组织党组织书记、党员专家学者、先进模范人物等参与"党课开讲啦"活动，增强党课的感染力。充分整合利用各类党性教育资源，以党性教育实践中心为主阵地，不断丰富教育内容、强化教育功能、增强教育效果。完善党员过"政治生日"等政治仪式，契合党员需求、尊重党员主体地位、激发党员参与积极性，引导党员干部对自己的"第一身份"进行全面检视。定期组织党员深入田间、楼宇、工厂、车间等基层现场，采取志愿服务、岗位体验、实地教学等方式开展培训，切实解决不同区域、不同层次群众的多样性、合理化诉求，增强"三会一课"新鲜感。

三是严格把握程序要求，高质量开好专题组织生活会。会前，要采取多种方式开展谈心谈话，相互提醒、交流提高。党支部召开党员大会，按照个人自评、党员互评、民主测评的程序，组织党员进行评议，严肃认真开展批评和自我批评。党员要对党支部的工作进行评议。党支部要对每名党员评定等次。会后，党支部和党员要根据专题组织生活会查摆的问题制定整改措施，并纳入明年工作计划，抓实整改、抓出成效。

26. 城市社区党支部的工作机制是怎样的？

党支部是我们党的基础组织。《中国共产党支部工作条例（试行）》对党支部的工作机制进行了明确规定，提出党支部党员大会是党支部的议事决策机构、党支部委员会是党支部日常工作的领导机构、党小组主要落实党支部工作要求。

党支部党员大会是党支部的议事决策机构，由全体党员参加，一般每季度召开1次。党支部党员大会的职权是：听取和审查党支部委员会的工作报告；按照规定开展党支部选举工作，推荐出席上级党代表大会的代表候选人，选举出席上级党代表大会的代表；讨论和表决接收预备党员和预备党员转正、延长预备期或者取消预备党员资格；讨论决定对党员的表彰表扬、组织处置和纪律处分；决定其他重要事项。社区重要事项以及与群众利益密切相关的事项，必须经过党支部党员大会讨论。党支部党员大会议题提交表决前，应当经过充分讨论。表决必须有半数以上有表决权的党员到会方可进行，赞成人数超过应到会有表决权的党员的半数为通过。

党支部委员会是党支部日常工作的领导机构。党支部委员会会议一般每月召开1次，根据需要可以随时召开，对党支部重要工作进行讨论、作出决定等。党支部委员会会议须有半数以上委员到会方可进行。重要事项提交党员大会决定前，一般应当经党支部委员会会议讨论。

党员人数较多或者党员工作地、居住地比较分散的党支部，按照便于组织开展活动原则，应当划分若干党小组，并设立党小组组长。党小组组长由党支部指定，也可以由所在党小组党员推荐产生。

党小组主要落实党支部工作要求，完成党支部安排的任务。党小组会一般每月召开 1 次，组织党员参加政治学习、谈心谈话、开展批评和自我批评等。

党支部党员大会、党支部委员会会议由党支部书记召集并主持。书记不能参加会议的，可以委托副书记或者委员召集并主持。党小组会由党小组组长召集并主持。

27. 城市基层做好发展党员工作应关注哪些新要求?

党员是党的活动的主体，发展党员工作是城市基层党的建设的重要工作。《中国共产党发展党员工作细则》对新形势下规范发展党员工作、保证新发展党员质量提出了一系列新要求，使得城市基层发展党员工作程序更加规范科学。

一是在申请入党环节，增加了党组织接到入党申请书后，应当在 1 个月内派人同入党申请人谈话的规定。入党申请人应当向工作、学习所在单位党组织提出入党申请，没有工作、学习单位或工作、学习单位未建立党组织的，应当向居住地党组织提出入党申请。流动人员还可以向单位所在地党组织或单位主管部门党组织提出入党申请，也可以向流动党员党组织提出入党申请。党组织收到入党申请书后，应当在 1 个月内派人同入党申请人谈话，了解基本情况。

二是在入党积极分子确定环节，增加了采取党员推荐、群团组织推优等方式产生人选，由支部委员会研究决定，并报上级党委备案的规定。

三是在发展对象确定环节，增加了报上级党委备案的规定。对经过 1 年以上培养教育和考察、基本具备党员条件的入党积极分子，在听取党小组、培养联系人、党员和群众意见的基础上，支部委员会讨论同意并报上级党委备案后，可列为发展对象。

四是在预备党员接收环节，增加了报具有审批权限的基层党委预审的内容。支部委员会应当对发展对象进行严格审查，经集体讨论认为合格后，报具有审批权限的基层党委预审。基层党委对发展对象的条件、培养教育情况等进行审查，根据需要听取执纪执法等相关部门的意见。审查结果以书面形式通知党支部，并向审查合格的发展对象发放《中国共产党入党志愿书》。

五是在预备党员审批环节，增加了向上级党委组织部门备案的规定。党委主要审议发展对象是否具备党员条件、入党手续是否完备。发展对象符合党员条件、入党手续完备的，批准其为预备党员。党委审批意见写入《中国共产党入党志愿书》，注明预备期的起止时间，并通知报批的党支部。党支部应当及时通知本人并在党员大会上宣布。对未被批准入党的，应当通知党支部和本人，做好思想工作。党委会审批两个以上的发展对象入党时，应当逐个审议和表决。党委对党支部上报的接收预备党员的决议，应当在3个月内审批，并报上级党委组织部门备案。如遇特殊情况可适当延长审批时间，但不得超过6个月。

28. 推进城市基层服务型党组织建设需做好哪些工作？

城市基层党组织是党各项工作和战斗力的基础，在落实党的各项工作、贯彻党的理论和方针政策中发挥重要作用。在新形势下，城市基层党组织服务群众、做群众工作的任务更为繁重，许多改革举措直接关系群众的切身利益。面对新形势新任务，基层党组织要转变工作方式、改进工作作风，把服务作为自觉追求和基本职责，寓领导和管理于服务之中，通过服务贴近群众、团结群众、引导群众、赢得群众。一方面，明确要求以服务统领基层党组织建设的各个环节、各项内容，使基层党组织的领导班子、党员队伍、活动方式、体制机制、基础阵地等方面的建设都朝着"服务"转型，打牢服务基础。另一方面，要以服务统领基层党组织建设的各个领域，社区、企业等各领域的基层党组织建设都要聚焦于服务型党组织建设的目标，突出服务、聚焦服务，以提升服务能力和水平。

一是精心谋划设计。基层服务型党组织创建是一项复杂的工作，各地的具体情况千差万别。为此，要有重点有步骤推动基层服务型党组织建设。二是要突破重点难点。基层服务型党组织建设内容很多。要重点解决组织设置不合理、隶属关系不顺畅、领导班子不健全、工作制度不完善、经费场所保障不到位、工作作风不好、服务能力不强等突出问题。三是坚持上下联动。服务型党组织建设是一项系统工程，要整合各级各方面力量和资源，统筹协调、以上带下、多方配合、多措并举，帮助基层党组织解决困难和问题。四是强化典型带动。要发现和培育一批先进典型，运用典型示范、标杆引路的方式，推动基层服务型党组织建设。五是跟踪监督考核。加大督促检查和跟踪落实力度，建立基层服务型党组织考核制度，实行分类考核、动态管理。

29. 构建城市基层党建联动机制需要注意哪些问题？

城市基层党建强调以街道社区党组织为核心，有机连接单位、行业及各领域党组织，建立组织共建、资源共享机制，衔接功能优化的系统建设和整体建设，更加注重全面统筹、更加注重系统推进、更加注重开放融合。

一是在纵向维度上，强化市、区、街道、社区党组织四级联动。明确市、区、街道、社区不同层级党组织的职责任务。市委要抓好规划指导，协调解决重大问题。区（县、市、旗）委提出思路目标，具体指导推动，发挥"一线指挥部"作用。街道党（工）委要抓好社区党建，统筹协调辖区内各领域党建工作，整合调动各类党建资源，强化"龙头"带动。社区党组织要落实上级党组织部署的各项任务，兜底管理辖区内小微企业和社会组织党建工作。加强相关制度建设。健全党建联席会议制度，建立上级党组织对下级党组织的调度通报、动态管理、督促检查和跟踪问效制度。

二是在横向维度上，推进街道社区党建、单位党建、行业党建互联互动、组织共建。以街道社区党组织为主导，建立开放性的互联互动纽带，通过签订共建协议、干部交叉任职、人才结对培养等方式引导区域内不同类型党组织共建。推行部门包村、企业联村、村居共建，实现城乡基层党组织优势互补、资源共享。通过共同开展活动、加强党员教育等推进活动共联。深入开展以服务为主题的党建带工建、带团建、带妇建活动，充分发挥群团组织服务作用。通过整合盘活信息、阵地、文化、服务等实现资源共享。探索以块为主、条块融合、双向用力的具体抓手，健全双向压实责任、双向沟通协商、双向考核激励、双向评价干部的工作机制。行业系统部门要主动融入驻地中心任务和党建工作。

30. 党组织如何引导社会力量参与城市基层治理？

当前，我国的基层治理体系正向"系统治理、整体推进"转变，党组织的领导力和组织力持续强化，共建共治共享的基层治理格局是大势所趋。群团组织和社会组织在社会治理中发挥着不可替代的作用。

一是完善社会力量参与基层治理的激励政策，创新社区与社会组织、社会工作者、社区志愿者、社会慈善资源的联动机制。

二是畅通和规范市场主体、新社会阶层、社会工作者和志愿者等参与社会治理的途径，全面激发基层社会治理活力。

三是培育规范化行业协会商会、公益慈善组织、城乡社区社会组织，加强财政补助、购买服务、税收优惠、人才保障等政策支持和事中事后监管。

四是支持建立乡镇（街道）购买社会工作服务机制和设立社区基金会等协作载体，吸纳社会力量参加基层应急救援。

五是完善基层志愿服务制度，壮大志愿者队伍，搭建更多志愿服务平台，大力开展邻里互助服务和互动交流活动，更好满足群众需求。

31. 如何优化由基层党组织主导的社区服务格局？

服务功能是基层党组织的一项重要功能，是党的全心全意为人民服务宗旨的集中体现。结合《中华人民共和国国民经济和社会发展第十四个五年规划和 2035 年远景目标纲要》的要求，市、县级政府要规范村（社区）公共服务和代办政务服务事项，形成以党组织为核心、全社会共同参与的服务格局，提高城乡社区精准化精细化服务管理能力。

一是明确服务事项范围。街道承担着政务服务、公共服务、公共安全等服务事项，具体涉及市政市容管理、物业管理、流动人口服务管理、社会组织培育引导等工作。街道社区党组织要围绕建设文明和谐社区搞好服务，定期开展民情恳谈，组织在职党员到社区报到、为群众服务，开展群众喜闻乐见的文化活动。完善城市社区居委会职能，督促业委会和物业服务企业履行职责，改进社区物业服务管理。

二是推进城乡社区综合服务设施建设。基层党组织要带动群团组织、居民自治组织和社会组织开展服务，依托城乡社区综合服务设施开展就业、养老、医疗、托幼等服务，加强对困难群体和特殊人群的关爱照护，做好传染病、慢性病防控等工作。

三是加强综合服务、兜底服务能力建设。为了满足人民群众多层次、差异化、个性化的需求，街道社区可以通过政府购买社区服务的方式，实现社区服务机构与市场主体、社会力量合作。涉及综合性、兜底性服务事项，难以通过市场主体来满足，应由基层党组织主导整合资源为群众提供服务。

四是推进审批权限和公共服务事项向基层延伸。构建网格化管理、精细化服务、信息化支撑、开放共享的基层管理服务平台，推动就业社保、养老托育、扶残助残、医疗卫生、家政服务、物流商超、治安执法、纠纷调处、心理援助等便民服务场景的有机集成和精准对接。

32. 为什么说网格党建机制是加强城市基层治理的有益手段？

网格党建提升了基层党组织的组织力、渗透力。从形式上看，网格党建是一种"分"，即一个社区内的基层党组织被切分到更细小的单元网格里。从内容上看，这种全域覆盖、上下联动、精准到位、运行高效的架构，打通了影响基层治理效率的痛点堵点，实现了服务精准投送、治理精准落地，推进了党建网络和社会治理网络的深度融合，有效提升了人民群众的获得感、幸福感、安全感。具体来说，网格党建机制在三个方面创新了党建对城市基层治理的引领。

一是创新了对城市基层治理的组织引领。网格党组织是网格治理的组织枢纽，网格化党建可以推动基层党组织链条延伸，实现组织联建、资源共享、机制衔接、功能优化。网格化党建通过建强上下贯通、强劲有力的组织体系，提升党组织的组织力，扩大党组织的渗透力。

二是创新了对城市基层治理的能力引领。网格化党建通过赋予主体权力、强化主体责任、明晰网格治理职责、推动资源下沉、强化信息技术支撑等方式来激发社会主体的内部驱动力和基层治理活力，并以此来实现社会的多向协同治理，同时也提升了基层党组织信息获取、决策、执行、监督和评估的整体能力。

三是创新了对城市基层治理的机制引领。网格化党建通过健全区、街、居、网格四级联动组织体系，建立上级党组织对下级党组织的调度通报、动态管理、督促检查和跟踪问效制度，将党的制度优势转化为治理效能。网格化党建遵循系统治理原则，建立"群众吹哨、街居响应、部门报到"机制，打破常规议事流程，构建扁平化快速响应机制和协调推进机制，形成良好的基层治理生态。网格化党建通过构建党组织领导下的居民自治、民主协商、群团带动、社会参与机制，形成多方参与的共建共治共享基层社会治理架构。

33. 如何切实加强党对城市基层党建工作的组织领导？

党的基层组织是党领导基层治理的坚强战斗堡垒。没有坚强的基层党组织，党建引领基层治理就无从谈起。党的基层组织要把领导优势转化为基层治理效能，需要通过领导体制来实现。

一是健全基层治理中党的领导体制。首先，在领导理念方面，要把抓基层、打基础作为长远之计和固本之举，把基层党组织建设成为领导城市基层治理的坚强战斗堡垒，使党建引领城市基层治理的作用得到强化和巩固。其次，在党组织领导基层治理的实施环节方面，要加强街道社区党组织对基层各类组织和各项工作的统一领导，以提升组织力为重点，健全在城市基层治理中坚持和加强党的领导的有关制度，涉及城市基层治理的重要事项、重大问题都要由党组织研究讨论后按程序决定。再次，在党组织领导城市基层治理的人事安排方面，要积极推行社区党组织书记通过法定程序担任居民委员会主任、社区"两委"班子成员交叉任职，注重把党组织推荐的优秀人选通过一定程序明确为各类组织负责人。从次，在党组织领导城市基层治理的组织载体方面，要创新党组织设置和活动方式，不断扩大党的组织覆盖和工作覆盖，持续整顿软弱涣散基层党组织。最后，在党组织领导基层治理的监督保障方面，要推动全面从严治党向基层延伸，加强日常监督，持续整治群众身边的不正之风和腐败问题。

二是加强分类指导。坚持从实际出发，根据各地区、各层级、各领域基层党组织的职能定位、特点和现实基础，针对地区之间、领域之间、机关与基层之间的不同情况，找准需要解决的突出问题，提出切合实际的建设目标和工作措施。首先，注意城市基层党建工作发展的区域性不平衡问题。在我国，直辖市、副省级城市、省会城市及经济社会发展水平较高的城市，其基层党建工作往往开展得要好于其他城市。因此，可以探索在直辖市、副省级城市、省会城市及经济社会发展水平较高的城市率先破解体制性、机制性、政策性难题。其他城市要结合本地实际，学习借鉴先进城市经验，强化系统思维和工作统筹，有序推进改革措施。其次，注重发挥先进典型的示范引领作用。通过开展城市基层党建示范引领行动，加快示范市培育和建设，总结推广先进典型和经验，提高城市基层党建总体质量。直辖市、副省级城市、省会城市及经济社会发展水平较高的城市，应当全面取消街道承担的招商引资、协税护税等工作任务，暂不具备条件的可先在中心城区实行，再逐步推开。有条件的地方，探索将派驻街道工作力量的指挥调度、考核监督等下放给街道。

三是压实领导责任。首先，健全党委统一领导、党委组织部门牵头负责、有关部门和行业系统齐抓共管的领导体制和责任机制。其次，各级党委把城市基层党建纳入整体工作部署和党的建设总体规划，定期专题研究，解决重点难点问题。再次，推广城市基层典型工作经验。成立基层党建与城市基层治理领导协调议事机构，紧扣治理抓党建，从制度机制上解决党建和治理"两张皮"问题。市、区两级党委主要负责同志要亲自谋划、直接推动。党委组织部门要会同有关部门强化政策保障和资源调配，形成工作合力。最后，把城市基层党建情况作为党委书记抓基层党建述职评议考核重要内容。

四是补齐基层党组织领导基层治理的短板。首先，完善党全面领导基层治理制度、党建引领的社会参与制度，构建党委领导、党政统筹、简约高效的乡镇（街道）管理体制。其次，认真总结新冠肺炎疫情防控工作经验，补齐补足社区防控短板，切实巩固社区防控阵地。最后，完善城市基层治理法律法规，适时修订《中华人民共和国城市居民委员会组织法》，研究制定社区服务条例。

五是强化抓基层工作效果的考核评价。首先，把基层党组织领导城市基层治理工作、城市基层党建情况作为党委书记抓基层党建述职评议考核重要内容，把基层治理工作成效的评估结果作为市、县级党政领导班子和领导干部考核的重要内容。其次，完善考核评价体系和激励办法，加强对街道社区的综合考核，严格控制考核总量和频次。

加强城市基层政权治理
能力建设

34. 如何理解职务与职级并行制度在街道干部队伍建设中的积极作用?

长期以来,街道干部受编制和职数的限制,晋升空间有限,待遇难以提高,工作积极性受到一定影响。职务与职级并行,对于打破基层干部晋升"天花板",实现基层公务员干好有出路、发展有空间、待遇有保障具有重要意义。

一是晋升职级根据工作需要、德才表现、职责轻重、工作实绩和资历等因素综合考虑,体现正确的用人导向。职级职数按照各类公务员行政编制数量的一定比例确定,有效解决了以往非领导职务存在的属性界定不清晰、设置不够科学合理等问题,有利于转变官本位思想。

二是在领导职务以外建立职级序列、开辟职级晋升通道,健全考核机制,有效发挥了促进公务员立足本职安心工作、干事创业的激励作用,拓展了基层公务员的职业发展空间。通过科学的考核评价,把定期考核的结果作为调整公务员职位、职务、职级、级别工资以及公务员奖励、培训、辞退的依据,有利于形成正确的政绩导向。

三是推行职务与职级并行制度,公务员能够根据所任职级执行相应的工资标准并享受相应的福利待遇,解决了基层公务员薪酬偏低的问题。

35. 如何提高城市基层公共服务能力?

基层直接服务人民群众,是公共服务的集中承载体。提高城市基层公共服务能力应着眼于及时、高效回应群众不断增长的美好生活需要，在制度、机制、设施、队伍建设等方面作出系统部署，切实做到居民有需求、基层有服务。

一是制度建设方面。研究制定社区服务条例，整合社区服务资源，提高社区服务效能。持续加大对社区服务的财政资金支持力度，鼓励社区服务机构与市场主体、社会力量合作，推进社区服务提质增效。推进社区服务标准化、规范化，切实打通服务群众"最后一公里"。

二是机制建设方面。优化街道政务服务流程，全面推进一窗式受理、一站式办理，加快推行市域通办，逐步推行跨区域办理。加强社区综合服务、兜底服务能力建设，依托社区综合服务设施开展就业、养老、医疗、托幼等服务，加强对困难群体和特殊人群关爱照护，做好传染病、慢性病防控等工作。采取项目示范等方式，实施政府购买社区服务。开展"新时代新社区新生活"服务质量提升活动，实现社区服务与居民需求精准对接，扎实推进创新示范引领，不断推动社区服务提档升级。

三是设施建设方面。推进社区综合服务设施建设，将综合服务设施建设纳入国土空间规划，优化以党群服务中心为基本阵地的社区综合服务设施布局，推动资源配置更加合理、功能分布更加完善、服务供给更加丰富。整合驻区单位、企业、社会组织、居民等资源，推动街道、社区与驻区单位资源共用、阵地共建、活动共办、优势互补，最大限度发挥资源使用效益，改善社区基础设施条件，丰富社区服务供给。鼓励支持有条件的地方建设集社区教育、文化、休闲、体验、商贸、文创、科创等多种场景于一体的社区综合体。

四是队伍建设方面。优化社区人才队伍素质及结构，选拔高素质人员充实队伍，鼓励具备社区专业知识的高校毕业生担任社区专职工作者，建立社区工作者长效学习培训机制。支持具备相关专业资质的社区工作者参加社会工作专业学历教育，考取相应的职业资格证书。建立社区工作者职级晋升制度，完善社区工作者和公务员、事业编制岗位之间人才流动机制，注重在城市基层治理工作中发现和培养优秀社区党组织书记，落实有关招录、选拔政策，畅通职业发展通道。

36. 整合城市基层审批服务执法力量应从何处着力？

推进行政执法权限和力量向基层延伸和下沉，能更好地适应街道工作特点及便民服务需要，强化街道的统一指挥和统筹协调职责，以基层实际需求倒逼改革，确保基层真正实现资源聚合、力量整合、负担减轻、效率提升，让基层各类机构、组织在服务保障群众需求上有更大作为。

一是综合设置基层审批服务机构。首先，在整合基层行政审批和公共服务职责基础上，进一步加强街道党政综合（便民）服务机构与服务平台建设，实行一站式服务、一门式办理，充分发挥综合便民服务作用。其次，紧扣城市基层治理，聚焦群众关心关注的重点事项，建立和完善适应基层实际的办事指南和工作规程，实行"马上办、网上办、就近办、一次办"。最后，加强社区综合服务站点建设，推动基本公共服务事项进驻社区办理，推进便民服务点和网上服务站点全覆盖，积极开展代缴代办代理等便民服务，逐步扩大公共服务事项网上受理、网上办理、网上反馈范围。

二是推动资源服务管理下沉，强化执法队伍建设。首先，投放基层的公共服务资源，应当以街道社区党组织为主渠道落实。坚持重心下移、力量下沉、保障下倾，加强下放给街道事权的人才、技术、资金、网络端口等方面的保障，做到权随事转、人随事转、钱随事转，使基层有人有物有权，保证基层事情基层办、基层权力给基层、基层事情有人办。其次，完善事业单位工作人员待遇保障机制，采取有效措施，进一步调动基层干部队伍积极性，激励担当作为、干事创业。建立健全符合街道实际的干部管理制度，确保基层干部引得进、留得住、用得好。完善机构编制实名制管理，整合条线辅助人员，按照属地化管理原则，由街道统筹指挥调配。同时，创新基层人员编制管理，统筹使用各类编制资源，赋予街道更加灵活的用人自主权。

三是健全机构制度，梳理权责清单。建立健全街道机构"一对多""多对一"的制度机制，理顺与不同部门的工作对接、请示汇报和沟通衔接关系。探索建立街道职责准入制度，职能部门将职责范围内的行政事务委托或交由街道承担的，需审核报批并充分听取基层意见。同时，建立严格的清单管理制度。切实减轻基层负担，将基层干部从一些无谓的事务中解脱出来。

37. 如何赋予街道行政执法权？

街道承担了大量服务职能和管理职责，其中多数具体管理职责都需要通过行政执法的方式履行。将执法权适度下移街道，扩大基层政权经济社会管理权限，有利于加强城市基层政权建设、完善城市基层政府功能。

一是理顺管理体制。首先，下移执法重心，推进行政执法权限和力量向基层延伸和下沉，强化街道的统一指挥和统筹协调职责。全面推行行政执法公示制度，强化事前公开，规范事中公示，加强事后公开。推进综合执法，重点在与群众生产生活密切相关、执法频率高、多头执法扰民问题突出、专业技术要求适宜、与城市管理密切相关且需要集中行使行政处罚权的领域推行综合执法。其次，严格确定行政执法责任和责任追究机制，加强执法监督，坚决惩治执法腐败现象，确保权力不被滥用。再次，建立健全街道行政执法案件移送及协调协作机制。最后，除党中央明确要求实行派驻体制的机构外，县直部门设在街道的机构原则上实行属地管理。继续实行派驻体制的，要建立健全纳入街道统一指挥协调的工作机制。

二是强化队伍建设。首先，优化执法力量，科学确定城市管理执法人员配备比例标准，适度提高一线工作人员的比例，确保一线执法工作稳妥有序，整合现有分局、站所执法力量和资源，组建统一的综合行政执法机构，按照有关法律规定相对集中行使行政处罚权，以街道名义开展执法工作，并接受有关主管部门的业务指导和监督，逐步实现基层一支队伍管执法。其次，注重人才培养，加强现有在编执法人员业务培训和考试，严格实行执法人员持证上岗和资格管理制度。加强街道综合行政执法机构、执法人员的业务指导和培训，规范执法检查、受立案、调查、审查、决定等程序和行为，建立执法全过程记录制度，实现全程留痕、可追溯、可追责。最后，规范协管队伍，建立健全协管人员招聘、管理、奖惩、退出等制度。协管人员数量不得超过在编人员，并应当随城市管理执法体制改革逐步减少。

三是提高执法水平。首先，制定权责清单，规范执法制度。要全面梳理、整合和调整现有城市管理和综合执法职责，优化权力运行流程。积极推行执法办案评议考核制度和执法公示制度，健全行政处罚适用规则和裁量基准制度、执法全过程记录制度，严格执行重大执法决定法制审核制度。其次，改进执法方式。依法规范行使行政检查权和行政强制权，严禁随意采取强制执法措施，坚持处罚与教育相结合的原则，综合运用行政指导、行政调解等非强制行政手段，引导当事人自觉遵守法律法规，及时化解矛盾纷争。再次，完善监督机制。强化内部与外部监督机制，健全责任追究机制、纠错问责机制。最后，完善保障机制。完善配套法规和规章，保障经费投入。按照事权和支出责任相适应原则，健全责任明确、分类负担、收支脱钩、财政保障的城市管理经费保障机制。

38. 怎样解决形式主义突出问题，切实为城市基层减负？

近年来，城市基层工作越来越多、任务越来越重，如果文山会海、痕迹主义等形式主义歪风在基层肆意蔓延，不仅会挤占基层干事创业的时间和精力，还会迟滞基层改革发展事业的步伐。新时代提升城市基层治理能力和水平，必须解决形式主义突出问题，切实为城市基层减负。

一是以党的政治建设为统领，加强城市基层干部思想教育。组织引导广大党员、干部深入学习习近平新时代中国特色社会主义思想，把理论学习的成效体现到增强党性修养、提高工作能力、改进工作作风、推动党的事业发展上。教育引导党员干部牢记党的宗旨，坚持实事求是的思想路线，树立正确政绩观，把对上负责与对下负责统一起来。开展作风建设专项整治行动，发扬斗争精神，对困扰城市基层的形式主义问题进行大排查，着重从思想观念、工作作风和领导方法上找根源、抓整改。

二是整治文山会海，努力把城市基层干部从一些无谓的事务中解脱出来。城市基层单位贯彻落实中央和上级文件，可结合实际制定务实管用的举措，除有明确规定外，不再制定贯彻落实意见和实施细则。坚持从实际出发，做到该清即清、该留则留，防止"一刀切"。加强对工作中发文开会的统筹管理，避免多头发文、层层开会。提倡合并开会、套开会议，多采用电视电话、网络视频会议等形式。提高会议实效，不搞照本宣科，不搞泛泛表态，不刻意搞传达不过夜，坚决防止同一事项议而不决、反复开会。坚持标本兼治，在摸清底数、建立清单目录、对面上问题抓紧整改基础上，着手推动建立移动互联网应用程序的常态化监管措施和长效机制，做到真减负、减真负。防止用形式主义做法解决形式主义问题，对在发文开会方面改头换面、明减实不减的，及时督促纠正。

三是加强计划管理和监督实施，着力规范督查检查考核工作。严格计划管理和备案管理，强化对计划事项的监督执行。坚决纠正机械式做法，不得随意要求基层填表报数、层层报材料，不得简单将有没有领导批示、开会发文、台账记录、工作笔记等作为工作是否落实的标准，不得以微信工作群、政务 App 上传工作场景截图或录制视频来代替对实际工作评价。注意纠正阵仗声势大、层层听汇报、大范围索要台账资料等做法，从重过程向重结果转变，从以明查为主向明查暗访相结合转变，从一味挑毛病、随意发号施令向既发现问题又帮助解决问题转变，推动相关部门督查检查考核结果互认互用。对清理后保留的"一票否决"、签订责任状事项及涉及城市评选评比表彰的创建活动，实行清单管理。

四是完善问责制度和激励关怀机制。坚持严管和厚爱结合，实事求是、依规依纪依法严肃问责、规范问责、精准问责、慎重问责，真正起到问责一个警醒一片的效果。规范实施问责的工作程序，及时纠正滥用问责、不当问责及以问责代替整改等问题。改进谈话函询工作方法，有效减轻城市基层干部不必要的心理负担。进一步完善城市基层干部考核评价机制，以正确的用人导向引领干事创业导向，真正把政治上过得硬、制度执行力和治理能力强、"愿作为、能作为、善作为"的干部选拔出来。建设高素质专业化城市基层干部队伍，强化能力培训和实践锻炼，提高专业思维和专业素养，涵养城市基层干部担当作为的底气和勇气。加强对城市基层干部的关心关爱，真正把带薪休假、津贴补贴等待遇保障制度落到实处，建立社区干部报酬动态增长机制。

39. 最低生活保障审核确认流程出现了哪些新变化？如何充分发挥社会救助在城市中的兜底保障作用？

最低生活保障是党和政府为保障困难群众基本生活而建立的一项基础性制度，是社会救助体系中的核心制度安排，在维护社会和谐稳定等方面发挥了关键作用。为进一步提高便民服务水平，审核确认流程从以下几方面进行了简化优化。

一是明确了低保审核确认权下放。近年来，一些地方通过法定程序，将低保审核确认权下放到街道办事处，取得了良好成效，极大地方便了群众。有条件的地方可按程序将最低生活保障审核确认权限下放至街道办事处，县级民政部门加强监督指导。

二是明确了低保办理时限。首先，对低保整体办理时限作出规定，低保审核确认工作应当自受理之日起30个工作日之内完成，特殊情况下，可以延长至45个工作日。其次，对每个环节的发起或办理时限提出明确规定。街道办事处应当自受理低保申请之日起3个工作日内，启动家庭经济状况调查工作。根据调查核实情况，提出初审意见，并在申请家庭所在村、社区公示7天。县级民政部门应当在收到街道对家庭经济状况进行信息核对提请后3个工作日内，启动信息核对程序。县级民政部门应当自收到街道办事处上报的申请材料、家庭经济状况调查核实结果和初审意见等材料后10个工作日内，提出审核确认意见。县级民政部门经审核，对符合条件的申请予以确认同意，同时确定救助金额，发放最低生活保障证或确认通知书，并从作出确认同意决定之日下月起发放最低生活保障金。对不符合条件的申请不予确认同意，并应当在作出决定3个工作日内，通过街道办事处书面告知申请人并说明理由。

三是简化了民主评议环节。在低保制度规范化的进程中，民主评议作为必须环节，在了解低保申请对象家庭经济状况、科学认定低保对象等方面一直发挥着重要的作用。但近年来，随着社会救助家庭经济状况核对机制的健全完善，低保对象的认定手段已经取得了很大突破。为了进一步减轻基层工作负担，同时，为了防止少数地区"以评代核""以评代认"，民主评议不再作为必须环节。

社会救助事关困难群众基本生活和衣食冷暖，事关社会和谐稳定和公平正义，是保障基本民生的重要制度安排，在城市中发挥着兜底性保障作用。为进一步做好受灾情疫情影响困难群众基本生活保障工作，要充分发挥社会救助作用。

一是进一步加强急难社会救助。要充分发挥主动发现机制作用，组织动员基层干部、社会救助协理员、社会工作者等，深入困难群众家中，全面了解辖区内受灾情疫情影响群众生活状况，做到发现早、介入快、救助及时。加大街道临时救助备用金支持力度，发现因灾因疫造成基本生活出现困难的群众，要及时给予临时救助；情况紧急的，可实行"先行救助"，事后补充说明情况。取消户籍地、居住地申请限制，对受疫情影响，暂时找不到工作又得不到家庭支持的生活困难外来务工人员，因交通管控等原因暂时滞留的临时遇困人员，以及户籍不在本地的受灾人员等，由急难发生地直接实施临时救助，做到凡困必帮、有难必救。

二是切实提高社会救助时效。根据防汛救灾和疫情防控实际，进一步简化优化社会救助审核确认程序，积极推行低保、特困人员救助供养等社会救助申请全流程网上办理，提高救助时效。鼓励有条件的地方将低保、特困供养审核确认权限下放到街道。科学灵活调整入户调查、民主评议和张榜公示等环节的形式，对没有争议的救助申请，不再进行民主评议。可根据灾害影响、疫情形势，决定暂停开展低保对象退出工作，提高受灾情疫情影响困难群众抵御风险能力。畅通社会救助服务热线，认真做好数据比对和走访摸排，充分发挥全国低收入人口动态监测信息平台和数据库的监测预警作用，确保及时发现、快速响应、即时救助。

三是加强特殊困难群众照料服务。要发挥社工站、社会救助协理员作用，加强对分散供养特困人员、低保及低保边缘家庭中的老年人、未成年人、重度残疾人等特殊困难群众的走访探视，提高探访频次，及时了解灾情、疫情对他们生活的影响，帮助解决实际困难。要持续加强集中供养服务，尽最大努力收住有集中供养意愿的生活不能自理特困人员。进一步加强分散供养特困人员照料服务，督促照料服务人认真履行委托照料服务协议，全面落实各项照料服务，照顾好特困人员日常生活。因灾因疫导致照料服务人无法提供照料服务的，要及时指定其他人员做好照料服务工作。受灾地区要对分散供养特困人员开展全面摸排，对存在住房、饮水、用电等安全隐患的，要及时安置到供养服务机构。

40. 如何加强城市社区人居环境建设和整治，创建绿色社区？

随着对高品质生活的不断追求，人民群众对城市社区人居环境更加关注，对一些社区环境脏乱差问题反映比较突出。为此，要坚持以人民为中心的发展思想，坚持新发展理念，以群众身边的人居环境建设和整治为切入点，建设整洁、舒适、安全、美丽的城市社区人居环境，使人民获得感、幸福感、安全感更加具体、更加充实、更可持续。

一是建立健全社区人居环境建设和整治机制。社区人居环境建设要与加强基层党组织建设、居民自治机制建设、社区服务体系建设有机结合。坚持美好环境与幸福生活共同缔造理念，充分发挥社区党组织领导作用和社区居民委员会主体作用，统筹协调业主委员会、社区内的机关和企事业单位等，共同参与社区人居环境建设。

搭建沟通议事平台，利用"互联网＋共建共治共享"等线上线下手段，开展多种形式基层协商，实现决策共谋、发展共建、建设共管、效果共评、成果共享。推动城市管理进社区，推动设计师、工程师进社区，辅导居民谋划社区人居环境建设和整治方案，有效参与城镇老旧小区改造、生活垃圾分类、节能节水、环境绿化等工作。

二是合理确定居住小区规模。以居民步行5—10分钟到达幼儿园、老年服务站等社区基本公共服务设施为原则，以城市道路网、自然地形地貌和现状居住小区等为基础因地制宜合理确定居住小区规模，并与社区居民委员会管理和服务范围有机对接。结合地方实际，细化完善居住小区基本公共服务设施、便民商业服务设施、市政配套基础设施和公共活动空间建设内容和形式。

三是补齐既有居住小区建设短板，推进社区基础设施绿色化。以城镇老旧小区改造、市政基础设施和公共服务设施维护等工作为抓手，积极改造提升社区供水、排水、供电、弱电、道路、供气、消防、生活垃圾分类等基础设施，在改造中采用节能照明、节水器具等绿色产品、材料。充分利用居住小区内空地、荒地及拆除违法建设腾空土地等配建设施，增加公共活动空间。综合治理社区道路，消除路面坑洼破损等安全隐患，畅通消防、救护等生命通道。加大既有建筑节能改造力度，提高既有建筑绿色化水平。综合采取"渗滞蓄净用排"等举措推进海绵化改造和建设，结合本地区地形地貌进行设计，逐步减少硬质铺装场地，避免和解决内涝积水问题。加强居住小区无障碍环境建设和改造，为居民出行、生活提供便利。

四是营造社区宜居环境，确保新建住宅项目同步配建设施。整治小区及周边绿化、照明等环境，推动适老化改造和无障碍设施建设。合理布局和建设各类社区绿地，增加荫下公共活动场所、小型运动场地和健身设施。合理配建停车及充电设施，优化停车管理。进一步规范管线设置，实施架空线规整（入地），加强噪声治理，提升社区宜居水平。结合社区人居环境建设和整治，探索建设安全健康、设施完善、管理有序的居住小区环境。新建住宅项目要将基本公共服务、便民商业服务等设施和公共活动空间建设作为开发建设配套要求，明确规模、产权和移交等规定，确保与住宅同步规划、同步建设、同步验收和同步交付，并按照有关规定和合同约定做好产权移交。

五是培育社区绿色文化。依托城市社区人居环境建设和整治活动，建立健全社区宣传教育制度，加强培训，完善宣传场所及设施设置。运用社区论坛和"两微一端"等信息化媒介，开展绿色生活主题宣传教育，使生态文明、美化环境、建设宜居社区理念进一步深入人心。依托社区内的中小学校和幼儿园，开展"小手拉大手"等生态环保知识普及和社会实践活动，带动社区居民积极参与。贯彻共建共治共享理念，编制发布社区绿色生活行为公约，倡导居民选择绿色生活方式、节约资源、开展绿色消费和绿色出行，形成富有特色的社区绿色文化。

41.怎样培育发展社区社会组织?

社区社会组织是社区公益慈善和志愿服务的重要主体，是服务社区老人、儿童、妇女、残疾人等特定群体的重要力量。结合《中华人民共和国国民经济和社会发展第十四个五年规划和 2035 年远景目标纲要》的要求，培育发展社区社会组织必须坚持系统观念，推进社区社会组织质量稳步提升，参与城市基层治理彰显实效。

一是开展培育发展专项行动。可根据本地区经济社会发展实际，把社区社会组织培育发展工作纳入城市社区治理总体布局，加强对社区社会组织工作的统一领导和统筹协调，部署开展培育发展社区社会组织专项行动。实施培育发展社区社会组织、提高社区社会组织服务能力项目；明确优先发展领域和重点扶持对象，加快发展生活服务类、公益慈善类和居民互助类社区社会组织。提升社区社会组织在地域分布、服务对象、业务领域等方面的覆盖面和志愿服务参与度；细化培育扶持、发展质量、内部治理、服务开展等方面工作目标，落实街道、社区工作责任，为社区社会组织发展提供政策支持和资源保障。

二是建设支持平台和孵化机构。实施社区社会组织"安家"工程，依托街道、社区综合服务设施和社区社会工作服务站点等，为社区社会组织开展活动提供场地支持。推进社区社会组织支持平台建设，发挥社区社会组织联合会等枢纽型、支持型社会组织作用，有条件的地方可以建设社区社会组织孵化基地。明确相关支持平台和孵化机构工作职责，完善工作制度，强化工作力量，为社区社会组织提供党建引领、培育孵化、资金代管、人员培训等综合服务和指导支持。有条件的地方可以探索委托具备专业能力的枢纽型社会组织或社会工作服务机构运营服务平台和孵化机构。

三是加强政策倾斜和扶持力度。协调有关部门加大对社区社会组织发展的资金支持，鼓励引导社会资金支持社区社会组织发展，推动建立多元化、制度化的资金保障机制。鼓励通过政府购买服务、公益创投、社会支持等多种渠道支持社区社会组织培育发展。推动将社区服务纳入政府购买服务指导目录，逐步扩大购买范围和规模，支持社区社会组织承接相关服务项目。依托街道社区服务中心、社区服务站等设施，建立社区社会组织综合服务平台，鼓励将闲置的宾馆、办公用房、福利设施等国有或集体所有资产，通过无偿使用等方式提供给社区社会组织开展公益活动。鼓励街道为社区社会组织参与社区服务提供资源支持、项目对接等服务，鼓励社区党组织和居民委员会为当地优秀人才领办社区社会组织提供必要支持。可结合实际情况为初创的社区社会组织提供公益创投、补贴奖励、活动场地、费用减免等支持。

四是促进社区社会组织能力提升。加强社区社会组织人才培养，通过举办示范培训、网上课堂、新媒体教学等多种方式，面向社区社会组织负责人、社区社会工作者、社区志愿者等，广泛开展各类能力培训，着力培养一批热心社区事务、熟悉社会组织运作、具备专业服务能力的社区社会组织负责人和业务骨干。推动建立专业社会工作者与社区社会组织联系协作机制，发挥专业支撑作用，提升社区社会组织服务水平。强化社区社会组织项目开发能力，通过开展社区服务项目交流会、公益创投大赛等方式，指导社区社会组织树立项目意识，提升需求发现、项目设计、项目运作水平。推进社区社会组织品牌建设，引导优秀社区社会组织完善发展规划、加强项目宣传，提高品牌辨识度和社会知名度。指导社区社会组织规范资金使用和活动开展，强化决策公开和运作透明，不断提升服务绩效和社会公信力。鼓励有条件的社区通过设置社会工作岗位等方式，配备专人联系、指导和服务辖区内社区社会组织，不断提升社区社会组织的专业服务能力。

42. 如何推进城市基层政务服务"一网、一门、一次"改革？

深入推进"互联网＋政务服务"，推进政务服务"一网、一门、一次"改革，有利于提升群众的获得感和满意度。打通信息壁垒，优化政务流程，进一步深化政务信息系统整合共享，需要各部门、各地区协同推进。

一是优化政务服务流程，推进线上"一网通办"。首先，以整合促便捷，通过整合本地区各类办事服务平台，建成本地区各级互联、协同联动的政务服务平台，办理本地区政务服务业务，实现网上政务服务省、市、区、街道、社区全覆盖，拓展政务服务移动应用，着力构建方便快捷的政务服务体系。实现政务服务"一次登录、全网通办"。其次，规范政务服务事项，全面梳理教育、医疗、住房、社保、民政、扶贫、公共法律服务等与群众日常生产生活密切相关的公共服务事项，编制公共服务事项清单及办事指南，逐步推进公共服务事项规范化。

二是以集成提效能，推进线下"只进一扇门"。大力推行政务服务集中办理，实现"多门"变"一门"。除因安全等特殊原因外，原则上不再保留政府部门单独设立的服务大厅，为群众办事线下"只进一扇门"提供有力支撑。围绕群众最关心的就业、收入、养老、居住、环境等问题，加快推动数据共享责任清单发布工作，进一步满足城市基层政务服务事项办理中对数据的需求。

三是融合线上线下服务。依托全国一体化在线政务服务平台，推进线上线下深度融合，推动政务服务整体联动、全流程在线，做到线上线下一套服务标准、一个办理平台。推动政务服务事项清单、办事指南、办理状态等相关信息在政务服务平台、移动终端、实体大厅、政府网站和第三方互联网入口等服务渠道同源发布。归集、关联与群众相关的政务服务信息并形成相应目录清单，持续提高办事材料线上线下共享水平。

四是以创新促精简，让群众"最多跑一次"。首先，梳理必须到现场办理事项的"最多跑一次"目录，大力推进减材料、减环节，推动政务服务入口全面向基层延伸，打造基层一站式综合便民服务平台。其次，压缩办理环节、精简办事材料、缩短办理时限，实现更多政务服务事项的申请、受理、审查、决定等环节全流程在线办理。通过流程优化、系统整合、数据共享、业务协同，实现审批更简、监管更强、服务更优，更多政务服务事项实现"一窗受理、一次办成"。最后，进一步优化完善数据共享申请、审批、使用的流程，推动建立常态化的平台授权和限时反馈机制。

五是以共享筑根基，让"数据多跑路"。首先，优化政务服务"跨省通办"业务模式，做好政务信息系统改造对接，促进政务服务跨地区、跨部门、跨层级数据共享和业务协同，强化数据共享安全保障，拓展"异地代收代办"，优化"多地联办"，推进事中事后监管信息"一网通享"。其次，推广移动政务服务，充分发挥"两微一端"等政务新媒体优势，同时积极利用第三方平台不断拓展政务服务渠道，提升城市基层政务服务便利化水平。最后，要建立健全"一网通办"的标准规范，加快完善相关法规制度，建立监督举报投诉机制，开展"百项问题疏解"和"百佳案例推广"行动。要层层压实责任，加强统筹协调，精心组织实施，推动"互联网＋政务服务"取得更大实效。

43. 加强城市街道协商应注意哪些问题？

城市街道协商是社会主义协商民主建设的重要组成部分和有效实现形式。随着工业化、城镇化的深入推进，我国经济社会发生深刻变化，利益主体日益多元，利益诉求更加多样。加强城市街道协商，有利于解决群众的实际困难和问题，促进各项政策稳步落实，维护社会和谐稳定。

一是协商内容要有针对性。根据本地区经济社会发展实际，坚持广泛协商，针对不同渠道、不同层次、不同地域特点，合理确定协商内容，主要包括：经济社会发展中涉及当地居民切身利益的公共事务、公益事业；居民反映强烈、迫切要求解决的实际困难问题和矛盾纠纷；党和政府的方针政策、重点工作部署在城市社区的落实；法律法规和政策明确要求协商的事项；各类协商主体提出协商需求的事项。要在实际工作中，对城市基层治理的重大问题真正做到"不经协商不能决策"。

二是协商主体要有广泛性。尽量吸纳不同阶层、不同群体的代表人士，确保决策影响的利益相关者参与协商。基层政府及其派出机关、社区党组织、居民委员会、居务监督委员会、居民小组、驻社区单位、社区社会组织、业主委员会、物业服务企业和当地户籍居民、非户籍居民代表以及其他利益相关方可以作为协商主体。积极鼓励引导社会中介机构、行业协会、社团组织广泛参与协商，确保并逐步增加社会组织在各类协商活动中的比例。专业性、技术性较强的事项，要充分发挥咨询智囊组织在提供决策帮助方面的作用，可以邀请相关专家学者、专业技术人员、第三方机构等进行论证评估，建立不同层面、各有侧重的协商智库，提高协商的科学化水平。协商中应当重视吸纳威望高、办事公道的老党员、老干部、群众代表，党代表，以及基层群团组织负责人、社会工作者参与。注重发挥人大代表、政协委员作用，增强协商主体的包容性。

三是协商形式要多样化。结合信息时代民意传播的特点，依照相关法律法规的精神，丰富协商形式，增强协商实效。坚持居民会议、居民代表会议制度，规范议事规程。一方面，结合参与主体情况和具体协商事项，可以采取居民决策听证、民主评议等形式，以民情恳谈日、居民论坛、妇女之家等为平台，开展灵活多样的协商活动，实现基层党组织与居民双向互动交流。另一方面，可充分发挥互联网民情传播迅速的优势，推进信息化建设，开辟社情民意网络征集渠道，采用网上民意调查、网上政民互动、网上征询意见等形式，为居民搭建网络协商平台，最大限度地汇聚民情民意，减少群众诉求表达的随意性和无序性，以形成社会共识，凝聚社会力量。

四是协商程序要规范化。协商的一般程序是：街道党（工）委在充分征求意见的基础上研究提出协商议题，确定参与协商的各类主体；通过多种方式，向参与协商的各类主体提前通报协商内容和相关信息；组织开展协商，确保各类主体充分发表意见建议，形成协商意见；组织实施协商成果，向协商主体、利益相关方和居民反馈落实情况等。对于涉及面广、关注度高的事项，要经过专题议事会、民主听证会等程序进行协商。跨社区协商的协商程序，由街道党（工）委研究确定。

五是协商成果可跟踪。建立协商成果采纳、落实和反馈机制。

需要街道落实的事项，街道党（工）委应当及时组织实施，落实情况要在规定期限内通过公开栏、社区网络论坛等渠道公开，接受群众监督。受政府或有关部门委托的协商事项，协商结果要及时向基层政府或有关部门报告，基层政府和有关部门要认真研究吸纳，并以适当方式反馈。对协商没有达成一致意见的，也不要草率决断，可暂时搁置协商，待条件成熟时再组织开展协商，直至找到各利益主体的最大公约数，最终形成统一意见。对协商过程中持不同意见的群众，协商组织者要及时做好解释说明工作。协商结果违反法律法规的，基层政府应当依法纠正，并做好法治宣传教育工作。

44.加强城市基层应急能力建设需要做好哪些方面的工作？

加强基层应急能力建设是做好城市防灾减灾救灾工作、推进应急管理体系和能力现代化的前提。要广泛发动群众、依靠群众，整合资源、统筹力量，切实加强城市基层应急能力建设，从源头上防范化解群众身边的安全风险，真正把问题解决在萌芽之时、成灾之前，筑牢防灾减灾救灾的人民防线。

一是加大宣传教育力度。推动安全宣传进社区、进家庭，加强公益宣传，普及安全知识，培育安全文化，支持引导社区居民开展风险隐患排查和治理。要根据本地区实际，通过网络公开课、新媒体直播、在线访谈等多种形式，面向社会公众普及各类灾害事故的知识和防范应对基本技能。有序加大各类科技馆、应急消防科普教育基地、防震减灾科普教育基地、气象科普教育基地、生命安全教育培训体验基地、重特大灾害事故遗址遗迹等公益开放力度，设立防灾减灾专区，开展防灾减灾公众现场或线上体验活动，拓宽公众接受防灾减灾宣传教育的途径。编制印发城市社区和家庭应急手册，发送公益短信，充分发挥微博、微信和客户端等新媒体的作用，丰富活动内容，创新活动载体，大力普及防灾减灾专业知识和技能，提高宣传教育实际效果。

二是强化灾害风险网格化管理。将防灾减灾救灾与基层社会治理、公共服务等有机结合，加强灾害风险网格化管理，加强业务培训和先进技术装备推广应用，提高社区工作者识别灾害风险隐患的能力。认真总结近年来防灾减灾救灾工作和新冠肺炎疫情防控工作中的宝贵经验和深刻教训，支持引导社区居民和社会力量等参与，开展全面系统的灾害事故隐患排查，重点做好社区、学校、医院、社会福利机构、建筑工地、机场、火车站、地铁等人员密集场所和重要设施的隐患排查。对排查出来的灾害事故隐患，如排水管网堵塞、监测预警系统运行异常、安全设施毁损缺失、电动自行车违规充电等，提出有针对性的整治措施，明确工作责任和时间进度，尽最大可能减轻灾害事故风险，切实提高人民群众幸福感、获得感、安全感。

三是落实城市基层应急物资储备。要建立健全应急物资保障部门联动和社会参与机制，在多灾易灾街道、社区推行应急物资实物储备、产能储备、社会储备等多种方式，努力满足可能发生灾害事故的峰值需求。鼓励灾害高风险的街道、社区建立储备站点，实现应急物资靠前部署、下沉部署。建设应急物资物流管理平台和应急物资捐赠管理平台，充分发挥物流企业优势，实现应急物资有序调度、快速运输、高效配送、精确溯源，提高重特大灾害情况下应急物资的快速通达能力。研究制定基层应急物资储备和装备配备标准及管理办法，推动街道、社区与邻近超市、企业等合作开展应急物资协议储备。鼓励引导企事业单位和居民家庭储备基本应急物资和救生避险装备，推广使用家庭应急包。

四是统筹城市基层应急力量建设。要推进街道应急消防站所建设，以站所建设带动政府专职消防队、企业专职消防队、微型消防站、志愿消防队等多元基层消防力量发展。加大培训力度，推进灾害信息员队伍建设。整合基层各类应急信息系统或网络平台，统筹利用互联网、大数据、自媒体等新技术新手段和应急广播等传统手段，努力解决灾害预警"最后一公里"问题。建立完善社会应急力量管理平台，规范引导社会应急力量在灾害事故发生后短时间内能够抵达现场并开展先期处置，鼓励支持社会力量参与灾害风险隐患排查、科普宣传教育等常态减灾工作，提高多灾种和灾害链综合监测、风险早期识别和预报预警能力。

五是加强应急避难场所建设，因地制宜开展预案演练。要充分利用城市公园、广场、绿地、学校、体育场馆等已有设施，改扩建或新建一批应急避难场所，满足辖区内居民紧急避险和临时安置等需求。在应急避难场所、关键路口等位置设置应急标志或指示牌，张贴应急疏散路线图，方便居民快速抵达。进一步修订完善基层各类应急预案，注重提高应急预案的针对性、实用性和可操作性。针对城市内涝、地质灾害、台风、地震等灾害以及火灾、燃气泄漏、危险化学品等事故，可因地制宜开展多种形式的演练活动，促进公众熟悉灾害事故预警信号和应急疏散路径，能够及时转移避险，同时完善基层应对各类灾害事故的应急指挥机制。结合打通"生命通道"集中治理行动，做好占用、堵塞和封闭疏散通道和消防车通道问题专题宣传教育和整治，同时推动加强停车场等市政建设，从源头上解决问题。

45. 城市社区"两委"如何组织开展应急工作？

增强社区应急管理能力，既有利于在第一时间发现、报告、处置风险隐患，把问题真正解决在萌芽之时、成灾之前，也能够满足社会公众的多样化、差异化需求，为精准救援、安抚公众提供便利条件。

一是加强群防群治、联防联控机制建设，完善应急预案。首先，社区"两委"要牢固树立守土有责意识，组织广大干部、群众共同做好社区应急工作，确保应急各项任务落实到"最后一公里"。其次，发挥居民委员会下设的公共卫生等委员会作用，组织开展卫生防疫知识和应急知识普及。最后，完善社会力量参与基层治理激励政策，创新社区与社会组织、社会工作者、社区志愿者、社会慈善资源的联动机制。

二是加强城市社区网格化管理，充分发挥网格化管理"横向到边、纵向到底"的功能，第一时间报告并督促整治，第一时间组织群众疏散逃生，第一时间报告网格内灾害事故信息。

46. 在应对突发公共事件中，城市基层慈善组织如何更有作为？

城市基层慈善组织依托城市社区发展，为社区居民提供精准慈善服务，具有贴近群众、灵活机动的特点，在突发公共事件发生时，能够迅速响应、及时行动，为受突发事件影响的群体提供支持，是一支不可或缺的重要应对力量。城市基层慈善组织参与处理突发公共事件，要做到以下几点。

一是要服从党委和政府的统一指挥，根据需求有序参与抢险救灾及灾后重建工作。要做好捐赠款物的接收和使用工作，开展公开募捐的，应当及时向社会公布捐赠款物的接收分配使用情况，并按照募捐方案使用捐赠款物。

二是要发挥自身优势，因地制宜开展慈善项目。通过在社区内快速动员和招募志愿者，组建工作团队，帮助所在社区应对突发事件。开展相关慈善项目要符合宗旨和业务范围，要根据自身规模、能力情况，量力而行、尽力而为，确保依法依规。

三是要加强沟通协作，形成应对合力。城市基层慈善组织之间，城市基层慈善组织与其他慈善组织、社会组织之间，要主动沟通、建立联络，互通信息、互为支持，取所长而补不足，构建应对突发事件的工作合力。

47. 怎样坚持和发展新时代"枫桥经验"？

"枫桥经验"诞生、发展、深化的过程，是我国社会治理模式创新发展的过程，也是中国特色社会主义社会治理体系独特优势彰显的过程。坚持和发展新时代"枫桥经验"，是推进基层社会治理现代化的重要方面。中共中央、国务院印发的《关于加强基层治理体系和治理能力现代化建设的意见》明确要求"坚持和发展新时代'枫桥经验'，加强乡镇（街道）综治中心规范化建设，发挥其整合社会治理资源、创新社会治理方式的平台作用"。坚持和发展新时代"枫桥经验",要把握以下四个方面。

一是坚持党的全面领导。充分发挥党的政治优势,始终把党的领导贯穿于城市基层改革发展稳定全过程各方面,探索城市基层党建有效做法,推行党建工作清单制,有效整合基层力量资源,积极创新"党建+"模式,把党组织服务管理和党建工作的触角延伸到每个末梢。

二是发挥群众主体作用。要坚持以人民为中心的发展思想,坚持党的群众路线,不断实现好、维护好、发展好最广大人民根本利益。推动矛盾纠纷源头预防、前端化解、关口把控,实现小事不出村、大事不出乡、矛盾不上交,筑牢社会和谐稳定的根基。推动关口前移、力量下沉,拓宽基层民主渠道,保证人民当家作主落实到国家政治生活和社会生活之中,做到治理过程让群众参与、治理成效让群众评判、治理成果让群众共享,不断提高群众获得感幸福感安全感。

三是坚持改革创新。要发挥大数据、物联网等新一代信息技术积极作用,提高基层治理智能化水平。加快建设立体化、信息化社会治安防控体系,建立社会治理数据库,全力打造"枫桥经验"升级版。积极发展城市基层生活服务类、公益事业类、慈善救助类、专业调处类等社会组织,充分发挥它们在维护公共利益、救助困难群众、化解矛盾纠纷、维护社会稳定中的重要作用。

四是促进多方参与。要坚持统筹联动、共建共治,完善社会力量参与基层治理激励政策,创新社区与社会组织、社会工作者、社区志愿者、社会慈善资源的联动机制。加强群防群治、联防联治机制建设,完善基层应急和矛盾化解预案。

48. 如何加强城市基层综治中心规范化建设？

加强城市基层综治中心规范化建设，是有效整合基层资源和力量、加强社会治安综合治理、维护社会和谐稳定的迫切要求。因此，要加快推进各级综治中心规范化智能化实战化建设，将分散的力量资源进行优化整合，不断完善基础网格治理体系，提升社会管理服务能力水平，全面推进城市基层平安建设工作。

一是聚焦短板弱项，推动综治中心和网格化服务管理高水平建设、高效率应用。首先，着力推动社会协同、部门联动、资源整合，加强网格化管理、社会化服务、信息化支撑、人财物保障，强化实战功能，将服务管理资源向网格、家庭延伸，及时反映和协调人民群众的利益诉求，提高服务群众、化解矛盾、维护稳定的能力。其次，着力在增点扩面提质上下功夫，抓住建设、联网、应用、管理四个关键环节，统筹谋划城市基层综治中心与公共安全视频监控、网格化服务管理等信息平台的互联共享，突出实战实用实效，促推智慧城市资源整合、力量汇集、服务融合。最后，利用科技信息化手段为社会治理赋能增效，加强智能数据分析，定期研判分析矛盾纠纷和治安形势，实现社会治理从经验决策转向数据决策的转变，及时反映和协调人民群众的利益诉求。拓宽在城市运行、社会治理、智能交通、服务民生、应急管理、疫情防控等领域应用，不断提升精准预警、精准打击、精准防范、精准处置的水平，为社会和群众提供更多更好的服务。

二是加强领导和保障，确保措施和责任落实。基层各级党委、政府要把综治中心规范化建设和网格化服务管理纳入重要议事日程，纳入市域社会治理现代化整体布局，作为创新社会治理、维护社会大局稳定、保障人民安居乐业的政治任务和民生工程来统筹推进。要充分发挥各职能部门作用，切实履职尽责，用网格收集、解决、回应群众诉求，形成一个运行顺畅的闭环处理机制，让矛盾纠纷得到一站式化解。平安办牵头抓总、协调推动，实行常态化集中办公，建立完善制度机制，推动社会治理数据信息资源高度共享、深度应用和综治中心有序高效运行。

三是整合力量，加大社会治安重点地区的排查整治。整合各方力量和资源，积极搭建工作新平台、健全工作新机制，街道综治中心要以维护广大人民群众的切身利益、为群众排忧解难为目标，把综治工作的立足点放到切实为群众解决问题上来，真正做到矛盾纠纷联调、社会治安联防、突出问题联治、重点工作联动、基层平安联创。要着眼于社会治安综合治理长效机制建设，加大对城乡接合部、城中村、校园等重点地区和单位的排查整治。要加强对社会闲散青少年、刑释解教人员以及精神障碍患者等特殊群体的排查摸底，做到管得住、管得好，不留空白和死角。

四是进一步完善综治考评体系。搞好群众安全感测评，通过考核推动工作、解决问题；同时，要完善并落实党政领导干部"一岗双责"责任制，切实把党政领导干部抓综治工作的能力、实绩与晋职晋级和奖惩直接挂钩。

49. 如何健全防范涉黑涉恶长效机制？

在以习近平同志为核心的党中央坚强领导下，扫黑除恶专项斗争取得了全面胜利，开启了常态化扫黑除恶斗争的新局面，需要进一步建立健全防范涉黑涉恶长效机制。

一是完善制度建设，加强日常监管。要坚持系统治理、综合治理、依法治理、源头治理的防范涉黑涉恶观念。通过强化防范涉黑涉恶制度建设，联动各部门提供制度规定与实施方案，增强防范涉黑涉恶的法治化、规范化、专业化水平。联动各部门齐抓共管，综合运用多种预防手段解决涉黑涉恶违法犯罪问题。开展日常巡视巡查，覆盖街道社区、商业集市、交通站点等人流聚集区域。

二是推动专项整治和常态管控相结合。围绕综合治理，重点督导各部门齐抓共管，相关监管部门对重点行业、重点领域整治。围绕深挖彻查，重点督导防范涉黑涉恶和基层"拍蝇"结合起来，治理党员干部涉黑涉恶问题，深挖黑恶势力背后保护伞情况。协同各级扫黑除恶专项斗争领导小组及其办公室充分发挥职能作用，扩大专项整治的覆盖面与跨部门协同范围。坚持网上与网下相结合，建立健全智能公开的举报奖励机制。畅通线索举报渠道，实行全国扫黑办"12337"智能化举报平台常态化运行，对群众举报的涉黑涉恶线索统一分流转办，实行分级核查和上级复核办结制，依托省、市、县举报线索核查三级联动机制，加强总体形势研判。通过大数据、云计算等深入分析研究涉黑涉恶犯罪新动向，从重点人员、重点场所、重点领域等排查研判涉黑涉恶线索，坚持露头就打、消除后患，加强日常监督，强化纪法协同，确保防范涉黑涉恶始终在法治轨道上运行。

三是持续加强城市基层党组织建设。全面落实社区"两委"班子成员资格联审机制，坚决防止受过刑事处罚和涉黑涉恶等问题人员，非法宗教与邪教的组织者、实施者、参与者进入城市社区"两委"班子。重点督导整顿软弱涣散基层党组织，严防黑恶势力侵蚀基层政权。加强党员思想教育，保持先进性，积极引导群众参与到防范涉黑涉恶的各项工作中来。

50. 怎样推进街道和社区治安防控网建设？

平安是极重要的民生，更是营造公平正义社会环境最基本的保证。新发展阶段人民群众对平安稳定的生活向往越来越强烈，对平安建设的需求也越来越迫切。因此，要以信息化为引领，以基础建设为支撑，着力推进街道和社区治安防控网建设，将和谐稳定创建在基层，将矛盾纠纷化解在基层，给广大人民群众提供全方位、多层次的公共安全防护。

一是以网格化管理为依托。抓好基础建设，以网格化管理、社会化服务为方向，将人、地、物、事、组织等基本治安要素纳入网格管理范畴，做到信息掌握到位、矛盾化解到位、治安防控到位、便民服务到位。因地制宜确定网格管理职责，纳入社区服务工作或群防群治管理，通过政府购买服务等方式，加强社会治安防控网建设。

二是健全城市基层综合服务管理平台。整合各种资源力量，健全社会治安形势分析研判机制、实战指挥机制、部门联动机制、区域协作机制，增强打击违法犯罪、加强社会治安防控工作合力。逐步在街道推进建设综治中心，社区以基层综合服务管理平台为依托建立实体化运行机制，强化实战功能，做到矛盾纠纷联调、社会治安联防、重点工作联动、治安突出问题联治、服务管理联抓、基层平安联创。

三是加强信息资源互通共享和深度应用。加快公共安全视频监控系统建设，提高社会治安防控体系建设科技水平。深化社区警务战略，加强社区警务室建设，开展治安联防矛盾化解和纠纷调解。

51. 如何进一步规范属地管理？

属地管理旨在明确各方权责范围、管辖范围，具有"谁审批谁负责、谁管理谁负责"的含义。近些年来，一些地方以属地管理为名将责任转嫁到基层，造成基层"权责不对等"。需要建立健全责任清单，划定属地管理事项责任边界，防止属地管理变味走形。

一是厘清职责边界。城市基层是社会治理的前沿阵地，承担了大量基础性工作。城市基层干部工作任务繁杂、琐碎，常常身兼数职，有时还需应对由共同事项的职责边界不清晰、主体责任和配合责任不明确导致的责任层层转嫁，不利于干事创业。因此，要坚持目标引领和问题导向，明确划分工作中的主次关系和职责分工，系统地梳理职责不清的事项，编制属地管理事项清单。营造各级担当作为、履职尽责的良好氛围，形成为基层减负、合力抓落实的大环境。

二是严格监督问责机制。严格落实部门职责和权责清单，重点强化部门主体责任，督促建立行政管理、行政执法长效机制，及时协调解决职能部门和街道工作运行不畅、具体事务推诿扯皮等问题。完善问责机制，通过强化责任追究，约束不作为、整治乱作为，从而唤醒责任意识、激发担当精神。

三是切实向基层放权赋能。明确界定属地责任边界，着力推动人、财、物等资源要素向基层下沉，管理权限下放，以有效应对新冠肺炎疫情防控、污染防治等工作。强调"权责一致"，要平衡好属地和上级主管部门之间的权责关系，上级主管部门不能只要权力不担责任，有职权的上级主管部门要把该承担的责任承担起来，做到法定职责必须为、法无授权不可为。

52. 城市基层平安建设中，怎样推进不同部门间的互联互动？

加强部门综合协调工作是推进新时期平安建设工作的重点。新形势下提高维护公共安全的能力和水平，创新完善平安建设工作协调机制，要打破部门藩篱，加强不同部门之间的互联互动，统筹好相关部门的资源力量，形成问题联治、工作联动、平安联创的良好局面。

构建统一指挥、专常兼备、反应灵敏、上下联动的实战指挥机制。要加强跟踪问责，加强对城市基层防控实战情况、治理工作成效的评估，评估结果作为领导班子和干部考核的重要内容。建立健全党组织领导的自治、法治、德治相结合的实战指挥机制，同时，要加强有关部门之间、部门与地方之间协调配合和应急联动，建立完善社会治安形势分析研判联席会议制度、社会治安重点地区排查整治工作协调会议和月报制度等，进一步整合资源力量，强化工作联动，增强打击违法犯罪、加强社会治安防控工作合力。要完善社会治安防控体系。坚持专群结合、群防群治，提高社会治安立体化、法治化、专业化、智能化水平，形成问题联治、工作联动、平安联创的工作机制，提高预测预警预防各类风险能力，增强社会治安防控的整体性、协同性、精准性。强化信息沟通能力，加强城市基层部门间信息沟通，由牵头部门向各部门通报工作进展情况，各部门应及时沟通相关工作情况，实现信息互通互享。针对工作推进中出现的新情况、新问题，及时共同研究，达成共识，强力推进。同时要注重重大问题协商的作用，当在工作任务推进中遇到重大、疑难问题时，由牵头部门领导统筹，会同各责任部门进行及时沟通协商，研究解决措施，确保工作任务顺利推进，并及时总结经验。

健全城市基层群众自治制度

53. 如何理解和把握我国基层群众自治制度的鲜明特色和成功经验?

在长期的基层治理实践中,我国的基层群众自治制度已经形成了鲜明特色并积累了许多成功经验,是中国特色社会主义基本政治制度之一。在城市基层治理中,必须坚持和完善基层群众自治制度。可从以下几方面理解。

一是基层群众自治要在党的领导下进行。首先,基层群众自治的相关政策法律是在党领导下制定的,从而保证了基层群众自治沿着党指引的正确方向前进。其次,典型经验的总结推广、政策完善是在党领导下进行的,从而保证了基层群众自治按照党和人民的共同意愿来进行。最后,基层群众自治实践是在基层党组织直接领导下和基层党员干部的示范带动下进行的,从而保证了基层群众自治有活力、有秩序。党对基层群众自治的领导,是我国的政治优势,保证把党的领导、人民当家作主、依法治国有机统一于基层群众自治实践之中。

二是基层群众自治与人民群众的切身利益密切相关,直接反映人民的利益诉求。首先,基层群众自治的内容与人民群众的利益直接相关。其次,基层群众自治以人人参与为显著特点,除了依照法律被剥夺政治权利的人外,凡年满18周岁的公民,不分民族、种族、性别、职业、家庭出身、宗教信仰、教育程度、财产状况、居住期限,都有选举权和被选举权,都有参与的权利和表达意见的机会。这使人民群众通过参与基层自治实践,能够获得看得见、摸得着的权益,能够依法保护自己的合法权益不受侵害。基层的许多矛盾在群众自治实践中得以化解，人民群众也正是在直接参与基层各项事务的决策、管理、监督过程中，了解群众自治的内涵从而逐渐提高当家作主的意识与能力。

三是基层群众自治与经济社会发展相互适应、相互促进。首先，工作部署上不跑题，始终以推动和保障党的中心工作为目标，与整体经济社会发展相适应。其次，实践推进上不脱节，使基层群众自治实践紧紧围绕当前人民群众最关心最直接最现实的利益问题来展开。最后，工作节奏上不单兵突进，使基层群众自治有机汇入中国特色社会主义政治发展道路，在发展我国社会主义民主中健康发展。要更加自觉地把健全基层群众自治制度同我国经济建设、政治建设、文化建设、社会建设、生态文明建设和党的建设等各项任务紧密结合起来，使基层群众自治制度随着"五位一体"总体布局和"四个全面"战略布局的推进而不断健全和完善。

四是基层群众自治的制度建设和实践推进循序渐进、逐步发展。首先，对基层群众自治规律性的认识是与时俱进、逐步深化的。其次，基层群众自治的实践基本是由点到面、由浅到深、由单领域向多领域逐步推开的。再次，基层群众自治的法律法规和各项具体制度是逐步健全的。最后，人民群众当家作主的能力是在实践中逐步提高的。实践反复证明，这种循序渐进、逐步发展的办法是积极稳妥的。要继续坚持这一做法，既要抓紧当前工作，又要树立持久建设思想；既要支持和帮助人民群众深化自治实践，又要切实引导人民群众正确行使好民主权利；既要扩大人民群众民主权利，又要增强党和政府有效管理能力，推动基层群众自治制度更加成熟、更加定型。

54. 如何健全充满活力的基层群众自治制度？

健全充满活力的基层群众自治制度，使基层群众的积极性、主动性和创造性得到充分发挥，对发展城市基层民主、保障人民群众享有更多切实的民主权利有着重要意义。

一是健全城市基层党组织领导的基层群众自治机制，把城市基层党组织的领导作用体现到基层群众自治的各个方面和环节。首先，城市基层党组织要在基层选举中做好宣传发动工作，积极参加选举基层群众自治组织的各项准备活动，把握选举的正确方向。其次，在基层重大事务民主决策中，基层党组织要与基层群众自治组织、集体经济组织或社会组织一道积极组织群众参与民主决策。最后，在城市基层事务日常管理和民主监督中，居务监督委员会主任一般由党员担任，组织党员和群众监督民主决策事项的实施情况，要建立党建引领下的社区居委会、业主委员会、物业服务企业协调运行机制，充分调动居民参与积极性，形成社区治理合力。

二是推进城市基层直接民主制度化、规范化、程序化，夯实人民群众在基层群众自治中的主体地位。首先，着力推进制度化，落实和完善制度，确保居民群众在基层群众自治事务中当家作主。建立健全公平、公正、公开的选人用人制度，保证居民群众的选人用人权，落实民主选举；建立健全议事协商决策制度和机制，保证居民群众对重大事务的讨论决定权，落实民主决策、民主协商；要切实防止基层群众自治中出现群众形式上有权实际上无权的现象。其次，着力推进规范化，坚持法定的事情不能随意变，规定的步骤不能随意少，不能图省事、怕麻烦，更不能走过场。要明确每项权力行使的法规依据、运行范围、执行主体、程序步骤。要适应互联网时代的新形势，善于运用网络技术服务基层群众自治实践。最后，着力推进程序化，推行决议公开、实施结果公开。对实践中出现的问题，要加快探索解决，以规范基层群众自治实践。

55. 如何理解和把握城市社区党组织书记、居民委员会主任"一肩挑"？

社区党组织书记、居民委员会主任"一肩挑"，就是社区党组织书记通过法定程序担任社区居民委员会主任。推行社区党组织书记、居民委员会主任"一肩挑"，是加强基层组织建设、确保党的路线方针得以有效落实的重要保证。但是，在工作中，也要防止绝对化，不能盲目搞"一刀切"。

一是严格选拔任用标准。坚持把政治标准放在首位。旗帜鲜明地把政治素质好、群众口碑好、担当精神强、服务意识强的党员作为"一肩挑"后备干部力量，坚持好中选优筛选"一肩挑"人选。严格落实任职资格审查。强化党组织领导把关作用，规范居民委员会换届选举，全面落实社区"两委"班子成员资格联审机制，坚决防止政治上的两面人，受过刑事处罚、存在涉黑涉恶及涉及宗族恶势力等问题人员，非法宗教与邪教的组织者、实施者、参与者等进入社区"两委"班子。

二是加大对"一肩挑"干部的管理监督，确保"一肩挑"不搞"一言堂"。进一步规范社区议事决策程序，日常事务按照相关规定流程办理，落实"四议两公开"，党组织和居民委员会分别研究决定。充分发挥城市社区居务监督委员会的作用，加强居务监督委员会对居务决策、项目建设等方面的监督。严格落实"双述双评"制度，"一肩挑"干部每年定期向党委述职接受评议考核，向社区党员大会述职接受评议，将考评结果与社区干部个人报酬待遇和奖惩挂钩。

56. 为什么要赋予城市基层群众性自治组织法人资格？

居民委员会是宪法明确的城市基层群众性自治组织，在从事社区建设、为社区提供服务的过程中需要进行大量的民事活动，但由于相关法律没有赋予其法人地位，民事主体地位缺失和民事行为能力不足，制约了社区公益事业的发展。为了进一步明确居民委员会与基层党组织及政府的关系、增强社区公共服务供给，民法典第一百零一条规定："居民委员会、村民委员会具有基层群众性自治组织法人资格，可以从事为履行职能所需要的民事活动。"

一方面，居民委员会由此获得了明确的法人资格，可以在法律规定范围内独立从事民事活动，可独立享有民事权利并承担民事义务。另一方面，在明确民事主体地位的基础上，居民委员会能够依法接受社会捐赠捐助，更好地办理社区公共事务和公益事业，这对于进一步增强居民委员会民事行为能力、推进社区建设高质量发展也具有十分重要的意义。

57. 如何改进和规范城市基层群众性自治组织出具证明工作？

长期以来，"证明难题"既困扰着广大城市基层群众，也让城市基层群众性自治组织犯难，在一定程度上也影响了党群关系。改进和规范城市基层群众性自治组织出具证明工作，对打通服务居民群众"最后一公里"，为居民提供方便、快捷、规范的服务具有重要作用。

一是做到于法有据。城市基层群众性自治组织出具证明的事项，必须是有明确法律法规依据或经国务院批准列入保留证明事项清单、属于基层群众性自治组织职责范围的事项。凡是相关部门要求基层群众性自治组织出具证明事项的，应当同时提供基层群众性自治组织出具此证明事项的有关依据。

二是符合客观实际。对虽有法律法规依据但已经不符合当前经济社会发展实际的或城市基层群众性自治组织没有能力核实的，有关部门要在广泛征求意见、充分调研论证的基础上按程序提请修改法律法规规定，明确城市基层群众性自治组织不再出具。

三是明确列出清单。各地区要制定城市基层群众性自治组织出具证明事项清单。根据国家有关法律法规规定，国家层面适时分批明确不应由基层群众性自治组织出具证明的事项。

四是方便查询办理。对城市基层群众性自治组织依法规范出具的证明事项，要以办事指南的形式细化实化证明的具体式样、办理程序和操作规范，明确出具时限、办理用途、具体流程及法律法规依据，并提供统一规范的表单样本。以上文书均应主动在政府门户网站、政务服务平台、服务场所、政务微博、微信公众平台等同步公布，方便居民群众获取、查询、办理。

五是精简办理程序。要最大限度精简城市基层群众性自治组织出具证明的程序，减少办理环节，压缩办理时限，改进服务质量。大力推行简单证明当场办结、复杂证明限时办结制，符合出具证明条件的，基层群众性自治组织应当在接到申请时根据掌握的信息，依法及时出具；需要调查核实的，应当及时完成调查核实工作并据实出具，最大限度地缩短办理时间，确保居民群众能办事、办成事。

六是做好政策衔接。对城市基层群众性自治组织应当或者可以出具证明、不应出具证明以及应当由相关部门出具证明的事项，都要做好政策措施衔接，列明办事指南，避免出现管理和服务"真空"，防止出现工作断链，最大程度确保居民群众办事创业方便。

58. 如何强化基层纪检监察组织与居务监督委员会的沟通协作、有效衔接?

中共中央、国务院印发《关于加强基层治理体系和治理能力现代化建设的意见》，提出要"强化基层纪检监察组织与村（居）务监督委员会的沟通协作、有效衔接，形成监督合力"。推进基层纪检监察组织与居务监督委员会的有效衔接，对于推进民主决策、重大项目和民生工程等方面的监督工作，推动全面从严治党向基层延伸，将基层纪检监察组织的监督延伸至社区干部的身边、群众的家门口，严防群众身边不正之风和腐败问题发生，维护群众切身利益，具有重要意义。

一是理顺工作关系。明确居务监督委员会由基层党组织领导、业务工作由基层纪检监察组织指导的双重领导工作机制；整合规范沟通体系，制定法律法规，规范指导基层纪检监察组织与居务监督委员会建立沟通联系，定期互通情况，分层分类培训；统筹规范监督范围，明确人员组成与职责分工，定期对接联络，实现纪检监察工作与社区事务工作有效衔接，确保居务监督委员会工作瞄准方向、直击靶心。

二是加强业务指导。基层纪检监察组织要指导居务监督委员会做好群众诉求的分析排查和汇总上报工作，建立工作报告制度。居务监督委员会主任要定期向基层纪检监察组织报告，基层纪检监察组织要及时核实了解居务监督委员会反映的苗头性倾向性问题。基层纪检监察组织要加大对居务监督委员会的指导和培训力度，引导居务监督委员会按章办事，支持居务监督委员会行使监督权，使居务监督委员会成员明晰自身的工作职责、权力和义务，以及监督的内容和程序等。同时，基层纪检监察组织要及时了解居务监督委员会面临的问题和困难，积极协调解决，为居务监督委员会开展工作提供坚强保障。

三是强化问责问效。把基层纪检监察组织对居务监督委员会指导和支持情况纳入党风廉政考核内容，对检查中发现对居务监督委员会业务指导不到位、管理不严格、工作推进不力的基层纪检监察组织严肃问责；对基层党组织、居民委员会不支持、不配合居务监督委员会工作的实施责任追究。制定居务监督委员会主任能上能下的用人管理机制，对认真负责、敢于监督履职的作为社区"两委"的重点培养对象；对不敢监督、不认真履职、发生违纪违法行为被查处的，按照相关程序予以罢免或撤换。

59. 如何防止出现城市社区"两委"班子成员政治上的两面人现象？

中共中央、国务院印发的《关于加强基层治理体系和治理能力现代化建设的意见》提出："坚决防止政治上的两面人，受过刑事处罚、存在'村霸'和涉黑涉恶及涉及宗族恶势力等问题人员，非法宗教与邪教的组织者、实施者、参与者等进入村（社区）'两委'班子。"

一是全面落实社区"两委"班子成员资格联审机制。街道组织对社区"两委"人选资格进行初审，区级党委组织部门、民政部门会同纪检监察、政法、公安、检察院、法院、统战、信访等部门进行联审。对政治上的两面人，受过刑事处罚、涉黑涉恶等问题人员，非法宗教的组织者、实施者、参与者，不得提名为社区"两委"班子成员候选人。加强对城市社区"两委"班子成员拟任人选政治定力、政治担当、政治能力等方面的考察。切实把好政治关、廉洁关、能力关，实现组织意图与群众意愿相统一。

二是严格社区"两委"班子成员任职期间监督管理。进一步强化党组织把关，实行社区党组织书记县级党委组织部门备案管理制度。注重在扫黑除恶、疫情防控、防汛救灾等重大任务落实中考察识别干部。推进基层纪检监察组织与居务监督委员会有效衔接，推动全面从严治党向基层延伸。

60. 志愿者如何获取志愿服务记录证明？

近年来，随着志愿服务的广泛开展，越来越多的志愿者参与到城市基层治理活动中来，越来越多的单位和组织将参加志愿服务作为招录人员和进行评优、表彰的重要参考和依据。根据《志愿服务条例》和《志愿服务记录与证明出具办法（试行）》，志愿者需要志愿服务记录证明的，可以通过两种方式获取。

一是与开展志愿服务活动的组织联系，由开展志愿服务活动的组织根据志愿者的志愿服务记录信息，为志愿者无偿、如实出具志愿服务记录证明。

二是志愿者可以自行在记录了本人志愿服务信息且具备出具记录证明功能的志愿服务信息系统中，打印本人的志愿服务记录证明。

61. 社会工作专业人才如何助力社区社会组织供给便民利民服务?

有效提升社区便民利民供给水平，应着重优化社会工作专业人才助力社区社会组织的工作方法。社会工作专业人才是指取得社会工作及相关专业大专以上学历，或取得全国社会工作者职业资格证书，或在 2015 年以来接受过不少于 120 小时的社会工作专业教育或培训、具备一定社会工作专业素质的人员。社区社会组织指的是由社区居民发起成立，在城市社区开展为民服务、公益慈善、邻里互助、文体娱乐等活动的社会组织。社会工作专业人才通过运用社会工作专业理念和专业方法在社区便民利民服务过程中起到支撑作用，社区社会组织通过有效链接居民开展社区活动在社区便民利民服务过程中起到载体作用。社会工作专业人才可从以下几方面助力社区社会组织。

一是开展服务项目。充分利用政府购买社区服务、公益创投等服务项目，搭建社会工作专业人才助力社区社会组织的互动场景。社会工作专业人才在开展服务项目过程中，通过亲自讲解和示范，向社区社会组织传授相关的专业服务技能及经验、明确注意事项与规范操作流程，帮助社区社会组织提高实践操作水平。

二是提升服务能力。探索社会工作专业人才和社区社会组织在骨干人才培训过程中"结对子"。围绕服务项目设计、规划、开展、创意优化等内容，开展小组讨论、案例再现、应急处置、服务接待、现场处理等能力拓展活动，互联互动，深入交流业务知识，建立"一对一"帮扶指导的伙伴关系。

三是引导社区居民参与。社会工作专业人才应运用项目动员的专业知识，引导社区社会组织明确居民的利益所在，知悉居民实际切身的公共利益问题，凝聚社区居民共识，扩大居民参与规模，提高居民参与积极性。同时，将专业社会工作嵌入社区社会组织动员居民的过程中，形成有效的服务动员效果。

62. 如何完善城市社区卫生服务体系？

城市社区卫生服务既是公共卫生服务的重要内容，也是城市社区治理的重要任务。城市社区卫生治理能力直接影响人民的安全保障水平和健康水平。进一步完善社区卫生服务体系、提升社区卫生治理能力，对促进卫生事业发展、增进居民健康具有十分重要的意义。

一是贯彻预防为主的卫生工作方针，构建防治结合的城市社区卫生服务体系，为城市社区居民提供全方位的医疗卫生和保健服务，营造健康安全的城市社区生活环境。大力强化城市社区公共卫生服务能力。健全城市社区卫生服务机构，依托社区卫生服务机构积极开展社区健康教育与宣传。依法加强公共卫生、环境卫生、生活饮用水和涉水产品、消毒产品监督检查。

二是通过上下级医院的有效合作，完善分级诊疗体系，完善城市社区卫生服务机构医疗能力，提升公共卫生服务水平。强化上级医院与城市基层医院的协作，特别是要加强上级医院对城市基层医院的技术支持与业务指导。以综合医院带城市社区服务中心，构建分工协作、三级联动的区域医疗服务体系，鼓励医联体内二级以上医疗机构向基层医疗卫生机构派出专业技术和管理人才，鼓励上级医院高水平医生在基层医疗卫生机构设立工作室，加强对基层医疗卫生工作的技术指导，提升基层医疗卫生机构的医疗和公共卫生服务能力。强化城市社区卫生服务机构信息化建设。利用信息化手段开展远程医疗项目，紧急情况下，可完成初步筛查导流工作，形成信息联动，为患者治疗、分流转诊等提供有效支持。

三是强化危机意识，完善应急体系。加强对城市社区卫生服务机构人员应急能力培训，强化危机意识，增强处置能力，特别是要增强应对重大公共卫生事件的能力。建立完善突发公共卫生事件应急预案，完善疫情防控机制。合理配置应急物资，建立公共卫生应急物资储备库，建立紧急调集和征用防控物资社会协同机制。完善应急管理机制，建立城市社区重大卫生事件应急管理长效机制。

四是完善城市社区卫生体制机制，提高城市社区公共卫生治理能力。要优化社区公共卫生治理的参与机制。社区公共卫生治理需要各方共同参与，要广泛引导社会组织、企事业单位、社区居民有效参与到社区公共卫生治理之中，建立群防群治、共同参与的治理体系。强化协调机制。调整医疗资源投入结构，建立社区卫生工作的协同机制。加强宣传引导等内容，强化部门联动配合，提高社区的整体性和协同性。强化防治协同，提高卫生服务的有效性，在全面增进居民健康的同时降低公共卫生治理成本。

63. 什么是社区服务项目制，如何做好政府购买社区服务项目？

社区服务项目制是一种将公共服务项目通过各级政府部门的直接购买、社会组织的传递而到达社区居民，实现社区服务的丰富化和精细化的公共服务供给方式。政府购买社区服务项目，有利于在充分发挥社区社会组织的自主性和专业性的同时，为社区居民提供项目齐全、标准统一、便捷高效的社区公共服务。

一是健全政府购买社区服务机制，支持各地加大向社区社会组织购买社区服务的力度。加强社区服务资金统筹，鼓励街道为有想法、有能力提供优秀社区服务项目的社会组织提供资源支持、项目对接等服务，鼓励城市社区党组织和居民委员会为当地优秀人才领办社区社会组织提供必要支持，并为其参与社区服务项目提供必要指导。建立政府投入与社会投入有机结合的经费保障机制。原则上，能由政府购买服务提供的，积极引导社区组织和社会力量承接；能由政府和社会资本合作提供的，广泛吸引社会资本参与。结合实际情况探索多种形式设立工作基金，支持社会组织的社区服务项目生根发芽。除政府采购外，积极探索定向委托、公益创投等其他资金筹措方式，提高城市社区公共服务项目的质量和资金效益。

二是建立健全政府购买社区服务项目的配套机制。适时出台政府购买社区服务实施意见和配套政策，建立健全政府购买社区服务项目的需求发现、项目设计、评审评估、绩效监管机制，在政策中明确购买内容、服务标准、资金保障、监管机制、绩效评价等内容，避免不必要的矛盾纠纷。建立城市社区公共服务目录及准入制度、政府购买社区服务目录，培育扶持一批具有较强专业性和信誉度的社区服务机构。具体而言，在平台建设上，要充分发挥社会组织运营管理和提供专业化服务的作用；在过程管理上，要注重立项论证、执行监管和结项评估等环节的完善规范，将政府监管和行业自律有机结合，保障政府购买服务项目取得实效；在资源联动上，要依托服务中心载体和服务项目支持，使社会组织和社会工作在社区中落地生根，切实满足社区居民需求并弥补市场不足。

三是完善政府购买社区服务政策措施，推进由"养人"到"办事"的转变。重点围绕纠纷调解、健康养老、儿童福利、教育培训、公益慈善、防灾减灾、文体娱乐、邻里互助、居民融入等领域开展项目制建设工作，培育发展各类城市社区社会组织和社会工作服务机构，进一步提升社区供给公共服务的数量和质量。探索整合利用现有资源推进城市社区社会工作站建设，积极打造一批基层社会服务平台，鼓励社会工作服务机构和社会工作站优先招用使用专业化人才，依托平台逐步提升社区服务项目制的专业化水平。

64. 推动社区养老、社区医疗和社区托育服务应重点做好哪些工作？

推动社区养老、医疗、托育服务高质量发展，是保障和改善民生的基础性工程。稳步有序推进社区养老、医疗和托育服务工作，对于实现老有所养、病有所医、幼有所育，不断满足人民日益增长的美好生活需要具有重要意义。

一是加强服务机构建设。加快公办保障性社区养老机构改革，充分发挥其托底作用，优先保障特困供养人员集中供养需求和其他经济困难的孤寡、失能、高龄等老年人的服务需求；进一步降低社会力量举办社区养老机构的门槛，简化手续、规范程序、公开信息，为社会力量举办社区养老机构提供便捷服务。综合考虑区域内卫生计生资源、服务半径、服务人口以及城镇化、老龄化、人口流动迁移等因素，科学、合理制定社区卫生服务机构设置规划。新建或利用现有机构设施、空置场地等改扩建公办社区托育服务机构，支持承担指导功能的示范性、综合性社区托育服务中心项目建设。

二是统筹规划服务设施。新建居住（小）区要按标准要求配套建设社区养老服务设施，并与住宅同步规划、同步建设、同步验收、同步交付使用。积极发挥社区公共服务设施的养老服务功能，加强社区养老服务设施与社区服务中心（服务站）及社区卫生、文化、体育等设施的功能衔接，提高使用率，发挥综合效益。支持在社区养老服务设施配备康复护理设施设备和器材。有条件的地方可积极引导城市社区老年人家庭进行适老化改造，根据老年人社会交往和日常生活需要，结合老旧小区改造等因地制宜实施。优化社区卫生服务机构房屋、设备、床位、人员等资源配置，加强信息化等基础设施建设和设备提档升级。鼓励结合群众需求建设特色科室，并注重数据共享、业务协同和综合管理。推动社区托育服务设施规范化、标准化建设，增强兜底保障能力，不断发展和完善普惠社区托育服务体系。支持社区以及学校、医疗机构、公园、图书馆、绿地等公共空间和公共设施进行适儿化改造。

三是扩大服务有效供给。支持建立以企业和机构为主体、社区为纽带、满足老年人各种服务需求的居家社区养老服务网络。建立健全居家社区养老服务网点，引入社会组织和家政、物业等企业，兴办或运营老年供餐、社区日间照料、老年活动中心等形式多样的养老服务项目。支持面向老年人的健康管理、预防干预、养生保健、健身休闲、文化娱乐、旅居养老等业态深度融合。充分利用居民健康档案、卫生统计数据、专项调查等信息，定期开展社区卫生诊断，明确辖区居民基本健康问题，制订人群健康干预计划。促进社区医养结合，推进社区卫生服务机构和医务人员与老年人家庭建立签约服务关系，为老年人提供连续性的健康管理服务和医疗服务。发挥网格化服务管理作用，大力推动资源、服务、管理下沉到社区，使基层各类机构、组织在服务保障婴幼儿照护等群众需求上有更大作为。支持和引导社会力量依托社区提供婴幼儿照护服务。支持优质机构、行业协会开发公益课程，利用互联网平台等免费开放，依托居委会等基层力量提供育幼家庭指导服务，帮助家庭成员提高照护能力。

四是推进服务人才队伍建设。加强对社区养老服务机构负责人、管理人员的岗前培训及定期培训，使其掌握养老服务法律法规、政策和标准。建立以品德、能力和业绩为导向的职称评价和技能等级评价制度，拓宽社区养老服务专业人员职业发展空间。建立社区养老服务褒扬机制，开展社区养老护理员关爱活动，让社区养老护理员的劳动创造和社会价值在全社会得到尊重。合理配置社区卫生服务机构人员岗位结构，加强以全科医生、社区护士为重点的社区卫生人员队伍建设。继续加大对全科医生规范化培训的支持力度，积极采取措施，鼓励医学毕业生参加全科医生规范化培训。将老年医学、康复、护理人才作为急需紧缺人才纳入社区卫生服务人员培训规划。完善薪酬、职称评定等激励机制，鼓励医护人员到社区卫生服务机构、医养结合机构执业。将婴幼儿照护服务人员作为急需紧缺人员纳入培训规划，大力开展职业道德和安全教育、职业技能培训，提高婴幼儿照护服务能力和水平。依法保障从业人员合法权益，建设一支品德高尚、敬业奉献、素质优良的婴幼儿照护服务队伍。

65. 制定或修订居民公约应遵守哪些要求？

居民公约是经由社区居民讨论协商后形成的具有约束性的条款和条约，是居民进行自我管理、自我服务、自我教育、自我监督的行为规范，是引导基层群众践行社会主义核心价值观的有效途径，是健全和创新党组织领导下自治、法治、德治相结合的现代基层社会治理机制的重要形式。

一是坚持党的领导。居民公约应当由社区党组织全程主持制定或修订，在居民公约制定或修订的各个环节都要加强社区党组织的领导和把关，保证正确方向。

二是坚持合法合规。居民公约的制定或修订不得违背宪法和法律精神，不得侵犯国家、集体利益和群众合法利益。居民公约应当在合法合规的基础上，维护和保障居民的合法权益。

三是坚持发扬民主。居民公约的制定或修订要集中群众意见，最大限度体现全体居民意愿。居民公约是集体意志的体现，既然是"约"，就意味着涉及的主体多元，还意味着要在多方主体之间进行民主协商、对话与商量。在制定或修订时要充分听取、采纳社区居民的意见和建议，将居民的意愿体现在具体的条约中。

四是坚持价值引领。居民公约的制定或修订要践行社会主义核心价值观，弘扬中华民族传统美德和时代新风，以居民广泛认可的优秀文化更好地约束广大居民的言行举止。

五是坚持因地制宜。居民公约的制定或修订应充分考虑当地风俗习惯、历史文化等因素，通俗易懂，简便易行。我国幅员辽阔，各地的风俗习惯各不相同，要因地制宜，充分考虑当地群众的性格特点、文化习俗等现实因素，应该逐步引导而不能操之过急，制定本社区居民能够理解和遵守的公约，避免引发激烈的情感对抗。

66. 制定或修订居民公约需遵循什么程序?

根据民政部、中央组织部、全国妇联等 7 部门联合出台的《关于做好村规民约和居民公约工作的指导意见》，居民公约的制定或修订一般应经过以下几个步骤。

一是征集民意。社区党组织、居民委员会广泛征求群众意见，提出需要规范的内容和解决的问题。

二是拟定草案。社区党组织、居民委员会就提出的问题和事项，组织群众广泛协商，根据群众意见拟定居民公约草案，同时听取驻社区党代表、人大代表、政协委员、机关干部、法律顾问、妇联执委等意见建议。

三是提请审核。社区党组织、居民委员会根据有关意见修改完善后，报街道党（工）委、办事处审核把关。

四是审议表决。社区党组织、居民委员会根据街道党（工）委、办事处的审核意见，进一步修改形成审议稿，提交居民会议审议讨论，根据讨论意见修订完善后提交会议表决通过。表决应遵循《中华人民共和国城市居民委员会组织法》相关规定，并应有一定比例妇女参会。未根据审核意见改正的居民公约不应提交居民会议审议表决。

五是备案公布。社区党组织、居民委员会应于居民会议表决通过后 10 日内，将居民公约报街道党（工）委、办事处备案，经街道党（工）委、办事处严格把关后予以公布，让群众广泛知晓。

居民公约在保持相对稳定的同时，可根据当地经济社会发展、群众需求变化以及社情民意等进行修订。修订居民公约一般可以在社区党组织、居民委员会换届选举之后进行，并报告理由，经居民会议讨论通过后方可实施。

67. 怎样保证居民公约的监督落实?

居民公约的监督落实不仅能加强社区与居民的沟通与联系，促进居民对社区工作的了解和监督，同时有助于夯实社区服务能力，提升基层社区工作的整体水平，是加强基层组织建设、巩固基层政权建设、促进社会和谐的重要任务。

一是居务监督委员会应加强对居民公约遵守情况的监督，社区"两委"成员、人民调解员、社区妇联执委和德高望重、办事公道的群众代表共同参与监督。充分发挥居民议事会、人民调解委员会、道德评议会、红白理事会、禁毒禁赌会等群众组织的作用，强化居民公约的遵守和落实。

二是居委会要建立就居民公约遵守情况向居民会议、居民代表会议的报告制度。街道对居委会的工作指导和支持也要把居民公约的落实情况作为重要参考。

三是健全完善奖惩机制，可通过开展模范居民评选、文明家庭创建等活动，促进居民公约的遵守和落实。对违反居民公约的情形，要加强批评教育，并通过合理的处理方式，使违反者受到教育、改正错误，但不得滥用强制处罚，避免简单以罚代教。

四是对可能构成违法犯罪的事件，应及时提请司法机关认定处理，防止以居民公约代替法律制裁。

68. 什么是"五社联动"，"五社"在基层治理中如何发挥作用？

"五社联动"是以社区为平台、以社会工作专业人才为支撑、以社会组织为载体、以社区志愿服务队伍为依托、以社会慈善资源为助推的新型社区治理机制。"五社联动"立足社区，坚持以党建为引领，以居民需求为导向，重点发挥社会工作人才队伍优势和社会工作的专业优势，赋能社区社会组织、社区志愿者和社区居民，发掘和利用社会慈善资源，推动建设人人有责、人人尽责、人人享有的基层治理共同体。"五社联动"不是社区治理主体的简单叠加，而是要推动多元主体资源共享、优势互补、分工协作，从而产生"化学反应"，实现共融、共建、共享的基层治理目标。"五社联动"通过推动"五社"功能的有机整合，达到基层治理效能的显著提升。

一是以社区为平台，通过发挥社区基础平台作用和党建平台作用，为"五社联动"提供综合保障平台，把社会工作者、社区社会组织、社区志愿者紧密团结在党组织周围，共同为基层治理献智献力。

二是以社会工作专业人才为支撑，社会工作专业人才队伍是"五社联动"的关键，要充分发挥社会工作在治理中的专业作用，通过推动乡镇（街道）社工站全覆盖，夯实基层社会工作服务平台。通过进一步推进社会工作专业人才培养，引入社会工作专业理念，运用社会工作专业方法，开展专业社会工作服务，解决社区治理中的各类问题，从而全方位提升基层治理的效能。

三是以社会组织为载体，通过积极培育发展各类社区社会组织，把社区居民有机地链接在各类组织周围，从而为社区居民广泛开展社区活动、有序参与社区治理提供组织保障。

四是以社区志愿服务队伍为依托，通过不断壮大社区志愿服务队伍，充分调动居民参与社区服务的积极性，形成"我为人人，人人为我"的社区志愿服务文化氛围。通过社区干部的指导、专业社会工作者的引领，为社区提供更加精准高效的服务，从而有效弥补社区管理服务力量的不足。

五是以社会慈善资源为助推，通过调动社区爱心企业、爱心人士等社会慈善资源，通过设立慈善超市、志愿服务"时间银行"等方式，解决仅仅依靠政府单一财政投入经费保障不足的问题，为"五社联动"提供更加充足的资源支持。

69. 如何实现城市基层治理中社会工作者和志愿者的互联互补、互动共进？

近年来，随着城市社会管理创新与发展，不同层面的社会工作者与志愿者合作机制逐渐建立起来。社区是社会工作者和志愿者联动协作的重要场所，是开展社会工作服务和志愿服务的实践基地。找到社工与志愿者工作的契合点，充分发挥二者的协同作用，建立健全社会工作专业人才和志愿者相互协作、共同开展服务的机制，对于提升城市基层服务水平，更好地提升居民的满意度、幸福感具有积极作用。

一是推动社工与志愿者优势互补。志愿服务队伍是社会工作专业人才开展服务的重要补充力量。要建立健全面向全社会的志愿服务动员系统，进一步完善志愿服务体系，普及志愿理念，强化志愿意识，弘扬志愿精神，倡导志愿行为，完善激励机制，培育一支参与广、功能强、作用好的宏大志愿者队伍。因此，要充分发挥社会工作者的专业优势与志愿者的人力资源优势。首先，社工在联动模式中处于引导地位，社工进入工作岗位前受到了专业的训练，具备一定的专业知识和技能，能够根据服务对象有针对性地制订服务方案。在开展服务之前，社工应对志愿者进行必要的理论和实务培训，建立服务记录制度，了解其从事服务工作的情况和表现。在此基础上，对于志愿者的服务表现和质量要给出合理中肯的意见，让志愿者在服务过程中有所收获。其次，对于参与服务的志愿者，应该做好必要的保障和服务，满足他们的工作需求，促进志愿者队伍的持续成长和社区志愿服务的可持续发展。社工与志愿者在工作中不是上下级关系，而是合作关系。志愿者在提供服务时要充分发挥个人的专业优势和特长，不断拓展社会工作专业服务范围，增强社会工作专业服务效果。

二是形成"社会工作者＋志愿者"的协作机制。建立健全社会工作专业人才和志愿者相互协作、共同开展服务的机制。首先，鼓励志愿服务组织积极吸纳社会工作专业人才，推动社会工作服务机构为志愿者开展工作提供必要条件，进一步丰富社会服务人才资源，拓展社会服务范围，增强社会服务效果，促进志愿服务专业化发展。其次，鼓励社会工作服务机构在开展公益活动时招募志愿者，充分发挥社会工作专业人才在组建团队、规范服务、拓展项目、培训策划等方面的专业优势，建立志愿服务组织与社会工作服务机构常态化合作机制，构建社会工作者引领志愿者、志愿者协助社会工作者的服务格局。

推进城市基层法治和德治建设

70. 如何正确理解和认识"三治结合"的内涵及其关系?

党的十九大报告指出,要加强农村基层基础工作,健全自治、法治、德治相结合的乡村治理体系。党的十九届四中全会将"三治结合"扩大到城乡,提出要健全党组织领导的自治、法治、德治相结合的城乡基层治理体系。自治、法治、德治相结合是加强基层治理体系和治理能力现代化建设的重要内容,要正确认识三者之间的关系。

一是自治是基础,法治、德治都离不开自治的支撑。居民委员会是居民自我管理、自我教育、自我服务的基层群众性自治组织,居民在社区内进行民主选举、民主协商、民主决策、民主管理、民主监督。法治、德治包含在居民行使民主权利、参与社区公共事务中,离开自治,法治、德治也就失去了载体。

二是法治是保障,自治、德治都必须遵循法律规定,在法律范围内进行活动,任何人和组织都无超越法律之权力。基层群众自治并不意味着不受任何约束,而必须依据法律规定进行。同时,对明显违反公序良俗的行为,也需要依法律予以管理和惩戒。

三是德治是导向,在自治与法治之间起到润滑作用。城市基层群众自治中,需要充分发掘居民公约等资源,引导公众践行社会主义核心价值观,发挥好德治教化作用,以减少城市基层群众自治的成本,提升治理水平。此外,城市基层涉及的事务繁杂,对法律难以调节的事务,需要充分发挥道德的约束力。

"三治结合"基于自治、法治、德治的各自优势,三者可以相互补充，形成一体化的治理体系。"三治结合"并非三者的简单相加，而是将三者的功能更好结合在一起，综合发挥作用。自治、法治、德治缺一不可，不能把"三治"割裂开来。

71. 增强社区依法办事能力要做好哪些工作?

增强社区依法办事能力是一项基础性工作，也是加强基层依法治理的重要内容。增强社区依法办事能力，需要把握以下重点。

一是全面履行社区法定职能。社区"两委"要坚持法定职责必须为、法无授权不可为，勇于负责、敢于担当，坚决纠正不作为、乱作为，坚决克服懒政、怠政，坚决惩处失职、渎职。

二是完善社区法治环境。首先，研究制定社区治理相关行政法规。有立法权的地方要结合当地实际，出台城市社区治理地方性法规和地方政府规章。其次，要处理好社区建设和管理中涉及的各方面的法律问题。完善物业管理条例，明确小区业主、物业公司与居民委员会的关系，规范城市社区治理中物业方面的诸多问题。再次，探索完善业主委员会的职能，依法保护业主的合法权益。探索符合条件的社区居民委员会成员通过法定程序兼任业主委员会成员。最后，加强对社区工作者法律知识的教育培训，提高其依法办事、执行政策和服务居民能力，支持其参加社会工作职业资格评价和学历教育等，对获得社会工作职业资格的给予职业津贴。加强社区工作者作风建设，建立群众满意度占主要权重的社区工作者评价机制，探索建立容错纠错机制和奖惩机制，调动社区工作者实干创业、改革创新热情。

三是发挥社区律师的服务作用。首先，不断加大"一社区一法律顾问"工作的推进力度，加强对"一社区一法律顾问"的工作保障，要求法律服务机构、法律顾问发挥出应有的作用，为社区居民排忧解难，及时化解矛盾。其次，鼓励社区律师开展自主学习，不断提高为社区服务的能力，同时深入社区调研，了解各类组织、人员的法律需求，开展有针对性的法律服务，拓宽法律服务渠道。最后，组织社区律师与区域化党建联动单位协力合作，定期为社区居民开展普法、政策解读等相关主题的系列讲座，团队合作助推社区依法办事能力提升。

四是深化社区法治宣传教育。以社区居民为主体，围绕自我管理、自我教育、自我服务的要求，探索具有社区特点、适应居民需求的形式，提高法治宣传教育效果，增强公民法治观念和法律意识，增进其对于社区依法办事的理解，特别是加强对社区闲散人员和青少年的法治教育。围绕生态文明建设、扫黑除恶、毒品预防、社区管理服务、构建和谐劳动关系等人民群众关心关注的问题，开展经常性法治宣传教育，依法保障社会稳定和人民安宁。

72. 如何进一步提升社区矛盾预防化解能力？

近年来，随着社会流动性的加快，社区中各方利益和多元需求交织，社区逐渐成为各种矛盾的集聚点。社区的矛盾纠纷也呈现出许多新情况、新特点，原有的单一化的社区矛盾解决方式已不适应新的发展需要。社区矛盾纠纷化解需要坚持"堵"和"疏"相结合，有效将矛盾纠纷化解在基层。

一是完善利益表达机制，建立党代会代表、人大代表、政协委员联系社区制度，完善党员干部直接联系群众制度，引导群众理性合法表达利益诉求。

二是完善心理疏导机制，依托社会工作服务机构等专业社会组织，加强对城市社区社会救助对象、困境儿童、精神障碍患者、社区服刑人员、刑满释放人员和留守儿童、妇女、老人等群体的人文关怀、精神慰藉和心理健康服务。

三是完善矛盾纠纷调处机制。不同类型的社区矛盾具有不同的表现形式，同一类型的社区矛盾也会因主体的不同而形态多样，因此应仔细分析社区矛盾和社区纠纷的类型和表现形式，所采取的解决方法要具有针对性。要健全城乡社区人民调解组织网络，引导人民调解员、基层法律服务工作者、社会工作者、心理咨询师等专业队伍，在物业纠纷、家事纠纷、邻里纠纷调解和信访化解等领域发挥积极作用。

四是推进平安社区建设，依托社区综治中心，拓展网格化服务管理，加强城乡社区治安防控网建设，深化城乡社区警务战略，全面提高社区治安综合治理水平，防范打击黑恶势力扰乱基层治理。

五是提高社区居民议事协商能力。凡涉及城乡社区公共利益的重大决策事项、关乎居民群众切身利益的实际困难问题和矛盾纠纷，原则上由社区党组织、基层群众性自治组织牵头，组织居民群众协商解决。支持和帮助居民群众养成协商意识、掌握协商方法、提高协商能力，推动形成既有民主又有集中、既尊重多数人意愿又保护少数人合法权益的城乡社区协商机制。

六是发挥社区社会组织在源头治理方面的积极作用，协助提升社区矛盾预防化解能力。支持社区社会组织参与物业纠纷、家庭纠纷、邻里纠纷调解和信访化解。指导社区社会组织参与群防群治，协助做好社区矫正、社区戒毒、刑满释放人员帮扶、社区防灾减灾、精神障碍患者社区康复等工作，积极参与平安社区建设，助力社区治安综合治理。

七是改进社区物业服务管理。加强社区党组织、社区居民委员会对业主委员会和物业服务企业的指导和监督，建立健全党建引领下的社区居民委员会、业主委员会和物业服务企业协调运行机制。探索在社区居民委员会下设环境和物业管理委员会，督促业主委员会和物业服务企业履行职责。

73. 稳步推进城市基层法治阵地建设的有效路径有哪些？

将基层治理全面纳入法治化轨道，稳步推进城市基层法治阵地建设，是实现基层治理体系和治理能力现代化的必然要求。

一是扩大法治文化阵地覆盖面，提高使用率。把法治文化阵地建设纳入城乡规划，在公共设施建设和公共空间利用时体现法治元素，推动法治文化与传统文化、红色文化、地方文化、行业文化、企业文化融合发展。利用好新时代文明实践中心（所、站）等场所，因地制宜建设法治文化阵地。

二是着力提升法治文化阵地建设质量，推动从有形覆盖向有效覆盖转变。法治文化阵地内容上要准确传播社会主义法治精神，功能上要便于群众学习理解法律、便于开展法治实践活动。

三是加大社区普法力度，完善和落实"一社区一法律顾问"制度，建立法律顾问队伍，保证法律顾问发挥积极作用。

74. 如何推广公共法律服务，让城市社区居民愿用、会用？

公共法律服务是政府职能的重要组成部分，是全面依法治国的基础性、服务性和保障性工作。城市公共法律服务需求大多集中在基层，随着经济社会发展，居民的法律需求也逐渐多样化。《关于加快推进公共法律服务体系建设的意见》提出，加快建设覆盖城乡、便捷高效、均等普惠的现代公共法律服务体系，切实增强人民群众的获得感、幸福感、安全感。

一是完善公共法律服务平台、普法阵地建设。首先，加强公共法律服务实体平台、热线平台、网络平台等基础设施建设，改善服务条件。盘活城市基层法律援助组织、街道司法所等现有资源，推进公共法律服务实体平台建设。推进"12348"热线平台省级统筹，建立一体化呼叫中心系统。推进"互联网＋公共法律服务"，构建集"12348"电话热线、网站、微信、移动客户端为一体的中国法律服务网，提供覆盖全业务、全时空的高品质公共法律服务。为老百姓打造一站式的公共法律服务平台，方便其"只进一个门"办理所有公共法律服务业务。其次，加强城市基层普法阵地建设。在公共法律服务中心的指挥协调和司法所的指导下，街道公共法律服务工作站主要承担化解矛盾纠纷、法治宣传、提供法律服务咨询等职能。公共法律服务工作室（法律顾问）主要为居民提供法律帮助、法治宣传等。

二是加强城市基层公共法律服务队伍建设。首先，充分发挥司法所统筹矛盾纠纷化解、法治宣传、基层法律服务、法律咨询等功能，发挥律师、基层法律服务工作者的作用，健全城市社区法律顾问制度，加快推进社区法律顾问全覆盖。在每个社区至少设立一名法律顾问，通过现场或微信工作群为基层群众提供法律咨询等服务，同时在每个社区培养3—5名"法律明白人"，帮助法律顾问开展日常法律服务工作。其次，推进法治社区建设，发挥警官、法官、检察官、律师、公证员、基层法律服务工作者作用，深入开展法治宣传教育和法律进社区活动，推进公共法律服务体系建设。最后，培育和壮大社会、市场等各类公共法律服务提供主体，增强公众参与意识。鼓励和支持社会力量通过投资或捐助设施设备、资助项目、赞助活动、提供产品和服务等方式参与公共法律服务体系建设。鼓励支持各类社会组织在法治宣传、权益维护、矛盾纠纷化解等公共法律服务领域更好发挥作用。

三是优化公共法律服务管理机制。首先，加强城市基层公共法律服务管理部门对法律服务秩序的监管，发挥法律服务行业协会的作用，完善行政管理与行业自律管理相结合的管理体制机制。通过明确各类法律服务机构资质认定、设施建设、人员配备、业务规范、工作流程等具体标准，打造看得见、摸得着的公共法律服务的运行环境。其次，做好场地标识、指引和功能设置，为群众明确公共法律服务的地点场所，方便群众上门求助。

四是做好公共法律服务宣传引导。应综合运用报刊、广播、电视、网络等媒体形式，宣传公共法律服务体系建设的重要意义，推广好做法好经验，宣介先进典型和创新举措。与此同时，下社区走进家庭，讲解公共法律服务惠民利民的真实案例，确保老百姓理解和信赖公共法律服务。

75. 加强家庭家教家风建设需做好哪些工作?

家庭是社会的细胞,是基层社会治理的重要基础。加强家庭家教家风建设,升华爱国爱家的家国情怀、建设相亲相爱的家庭关系、弘扬向上向善的家庭美德、体现共建共享的家庭追求,充分发挥其涵养道德、厚植文化、润泽心灵的德治作用,能够推动营造良好社会风尚、维护社会和谐安定。

一是坚持党的全面领导,完善党委统一领导、党政齐抓共管、各部门履职尽责、社会各方面共同参与的领导体制和工作机制,确保家庭家教家风建设正确方向。

二是坚持以社会主义核心价值观为统领,将国家、社会、个人层面的价值要求贯穿到家庭家教家风建设全过程,引导家庭成员形成适应新时代要求的思想观念、精神风貌、文明风尚、行为规范。要学习习近平总书记关于注重家庭家教家风建设的重要论述,并将其运用于日常的生活中,使理论知识具体化、生活化,让新时代的家庭观成为约束居民的道德规范和行为准则。

三是坚持守正创新,树立新风正气与破除陈规陋习并举,传承中华优秀传统文化,赓续红色家风,弘扬新时代文明风尚,不断推进内容、手段、载体和基层工作创新,永葆家庭家教家风建设生机与活力。

四是坚持问题导向,针对家庭家教家风建设突出问题,有的放矢、精准施策、久久为功,积极回应人民群众对美好生活的新期待。大力宣传民法典、反家庭暴力法、未成年人保护法等法律法规,引导广大居民增强法治意识、坚守道德底线。组织开展学雷锋志愿服务活动，发挥新时代文明实践中心（所、站）作用，统筹社区居民委员会、业主委员会、物业服务企业等力量，为孤寡老人、"空巢"老人、失能老人、失独家庭等提供生活关爱、精神文化抚慰等服务，加大对特殊困难儿童群体的保障力度。

五是坚持共建共享，发挥群众主体作用，吸纳社会力量参与，强化部门有效协同，形成家庭家教家风建设合力，让亿万家庭共享发展成果。各级党委宣传部、文明办将家庭家教家风建设纳入精神文明建设总体布局，加强统筹协调、组织实施、评选表彰、宣传引导和督促落实。纪检监察机关、组织部门采取有效措施加强党员和领导干部家风建设。教育部门牵头健全家校社协同育人机制，落实立德树人根本任务。妇联组织以实施"家家幸福安康工程"为抓手，发挥妇女在弘扬中华民族家庭美德、树立良好家风方面的独特作用。

76. 如何提升城市社区文化引领能力？

当前，随着我国城市化进程的不断加快，居民之间的关系淡化、陌生化成为城市社区的常态，也由此带来了一系列社会问题。《中共中央　国务院关于加强和完善城乡社区治理的意见》提出要强化社区文化引领能力，为新时代社区治理指明了方向。

一是培育和践行社会主义核心价值观。以培育和践行社会主义核心价值观为根本，大力弘扬中华优秀传统文化，培育心口相传的城乡社区精神，增强居民群众的社区认同感、归属感、责任感和荣誉感。将社会主义核心价值观融入居民公约中，内化为居民群众的道德情感，外化为服务社会的自觉行动。

二是重视发挥道德教化的作用。建立健全社区道德评议机制，发现和宣传社区道德模范、好人好事，大力褒奖善行义举，用身边事教育身边人，引导社区居民崇德向善。组织居民群众开展文明家庭创建活动，发展社区志愿服务。推进文明社区的创建，利用社区宣传板、文化墙、道德讲堂、社区微信群、微博等方式广泛宣传社区的道德模范、"社区能人"、好人好事等。引导群众向身边的榜样学习，培养高尚的道德情操。倡导移风易俗，形成与邻为善、以邻为伴、守望相助的良好社区氛围。

三是加强社区公共文化服务供给。了解居民偏好意愿，制订社区文化需求清单，采取订单服务方式，实现供需有效对接。关注特殊群体的文化需求，为老年人、未成年人、残疾人等群体提供特色服务项目。拓宽流动公共文化服务的辐射范围，推进优秀文化进社区。依托互联网资源，深化数字公共服务项目的建设，为居民提供数字阅读、文化娱乐、公共信息和技能培训等服务。

77. 什么是社区基金会，如何拓宽社区基金会的发展空间？

社区基金会是在社区设立的由社区居民、驻区单位等通过捐赠设置的以服务社区和社区群众为宗旨的基金会，其业务活动主要在社区开展。社区基金会聚焦社区、贴近百姓，能够及时发现群众需求，是城市基层治理的重要抓手。近年来，社区基金会在聚集社区资源、解决社区公共问题、提升城市基层治理水平等方面发挥了重要作用。中共中央、国务院印发的《关于加强基层治理体系和治理能力现代化建设的意见》提出"支持建立乡镇（街道）购买社会工作服务机制和设立社区基金会等协作载体"，为社区基金会发展提供了政策支持。当前，社区基金会在发展中有许多痛点、难点，如工作机制不顺、作用发挥不突出、生存和发展比较困难等。为解决上述问题，拓宽社区基金会的发展空间，要做到以下两个方面。

一是加大对社区基金会支持力度。有关政府部门要加大对社区基金会资金支持，有条件的地区可以通过提供财政补贴、补助等方式，厚植社区基金会发展基础；加大购买服务力度，让社区基金会能够承接更多项目，拓宽发展空间；为社区基金会提供工作便利，减免有关水电费用、帮助解决办公场所等。表彰成绩突出的社区基金会，以发挥带头引领作用，推动社区基金会整体发展。

二是社区基金会要加强自身建设，做好信息公开。社区基金会要严格按照慈善法等有关法律法规开展慈善活动，加大对慈善项目监督管理，确保每一分善款都用到实处。落实信息公开要求，及时公开资金使用情况，接受社区居民和社会公众监督。完善治理结构，优化人员配置，提高专业化运作水平。

78. 怎样推进社区志愿服务制度化常态化？

开展志愿服务，是创新社会治理的有效途径。近年来，广大志愿服务组织和志愿者在地方党委、政府领导和支持下开展了形式多样、内容丰富的志愿服务，我国志愿者队伍正在不断发展壮大。推进社区志愿服务制度化常态化，对于推动志愿服务持续健康和广泛深入发展，大力弘扬奉献、友爱、互助、进步的志愿精神，促进学雷锋活动常态化，切实发挥志愿服务的实践育人作用，具有十分重要的意义。

一是大力培育社区志愿服务组织。首先，支持和鼓励社区居民成立形式多样的社区志愿服务组织，为老年人、残疾人、困难群众提供关爱保障和社会支持服务，使社区居民在参与各种活动中，实现自我服务、自我完善和自我提高。其次，积极支持民间组织开展社区服务活动，加强引导和管理，使其在社区"两委"的指导、监督下有序开展服务。再次，鼓励和支持社会公众通过捐款捐物、慈善消费和慈善义演、义拍、义卖、义展、义诊、义赛等方式为困难群众奉献爱心。最后，提倡在单位内部、社区开展群众性互助互济活动。

二是加强社区志愿服务站（点）建设。在"十四五"期间把建设社区志愿服务站（点）纳入社区治理工作，依托社区服务中心、新时代文明实践站、社会工作服务站（室）等各类综合服务设施，建设社区志愿服务站（点），发挥社区志愿服务站（点）对志愿服务资源的整合作用、对志愿服务队伍的管理作用、对志愿服务活动的组织作用，推动社区志愿服务制度化常态化，促进幸福社区建设。

三是发挥社区志愿服务站（点）的功能作用。依托社区志愿服务站（点）开展社区走访调研，开发策划社区志愿服务项目，优化志愿服务内容，制定相对应的志愿服务计划，形成居民需求与志愿者服务内容有效对接。统筹志愿服务力量，根据社区志愿服务需求和志愿服务项目进行志愿者招募，组建社区扶贫济困、敬老助残、医疗服务、平安建设、科技帮扶等志愿服务队伍，开展各类志愿服务活动。定期组织志愿服务知识和技能培训，培养志愿者骨干，引导志愿者专业化发展。落实志愿服务记录与证明制度，依托全国志愿服务信息系统等志愿服务信息平台和社区志愿服务站（点），认真做好志愿者的个人信息、服务时间、服务内容和服务单位的记录和证明出具工作，规范记录志愿服务情况、培训情况、表彰奖励情况和评价情况。

　　四是加强组织保障。不断完善激励机制，推行志愿者星级认定和嘉许制度，通过评选表彰先进志愿者和志愿服务组织，给予他们精神鼓励和物质奖励。对志愿服务有影响、有特色的社区，优先推荐为文明社区。营造良好氛围，通过宣传专栏、宣传板、宣传单、倡议书等宣传方式，在社区大力弘扬志愿精神，结合学雷锋日和国际志愿者日，积极宣传、倡导奉献、友爱、互助、进步的时代风尚，营造关心志愿者、支持志愿服务、人人参与志愿服务的良好氛围。

加强城市基层智慧治理能力建设

79. 城市基层智慧治理覆盖哪些工作内容？

近年来，随着信息技术的快速发展与智能设备普及，城市基层智慧治理已经依托技术传递与载体支撑覆盖了基层社会治理的重点工作、重点工程和民生保障领域的重要方面。深入认识智慧治理覆盖的工作内容，有助于提高工作效率与工作质量。

一是智慧治理覆盖城市基层治理的重点工作领域。首先，城市基层智慧党建。依托网络化技术手段，推动城市基层党务管理智能化、党群活动智能化。在党务管理方面，实现党员教育、党员学习、党员组织关系管理等党务工作智能化。在党群活动方面，实现群众遇到难事、愁事、烦心事可线上实时联络党员，做到精准联络与帮扶。其次，城市基层智慧政务。整合各类电子政务基础设施资源，推进智慧政务大数据平台建设，构建以服务为中心的数字政府，全面提高基层治理能力。大力推进政务服务数字化应用，简化办事流程、缩短办事时间，使政府数据实现跨层级、跨系统、跨业务互联互通，让企业和群众办事更便捷，积极实现政府部门信息系统网络通、数据通。

二是智慧治理覆盖城市基层治理的重点工程领域。首先，城市基层智慧警务。运用大数据、地理信息系统、实时地图等技术手段，推动城市基层警务执法、警务建设智能化。在治安维护方面，结合地理信息系统，做到警力精准布控、城区路况实时反馈、警员灵活调动等智能化应对。其次，城市基层智慧城管。依托云平台、大数据等信息技术手段，实现个体工商户、私营商户与大型企业智能化办理缴税、手续申报等业务，实现税务监管、稽查与税收来源分析的可视化管理。最后，城市基层智慧旅游。运用云平台、大数据等信息技术手段，对城区内各大景点实施智能化管理与服务。开通线上预售票、景点实时图像、景区公共服务设施人流实况等智能化服务，为游客提供实时信息，避免人群拥挤，监管景点人流量。

三是智慧治理覆盖城市基层治理的民生保障领域。首先，城市基层智慧社区。运用互联网、物联网、大数据，推动社区政务服务、社区电子商务、社区志愿服务、社区便民利民服务、社区生活服务等工作领域智能化，为社区居民提供服务。其次，城市基层智慧医疗。运用互联网，链接远程医疗服务资源，实现分级诊疗、转诊就医等智能化在线办理。社区卫生服务中心应推进社区居民健康状况、电子病历、常规体检数据、大病筛查等信息智能化采集与储存，提供预防提示、健康诊疗建议等服务，推动卫生保健服务智能化。再次，城市基层智慧养老。运用互联网、物联网，将社区养老、机构养老、居家养老有机结合，打造智慧养老。通过接入智能设备，实现老年人个体化的养老服务体验与设计，做到老年人的健康监管、事务办理等智能化、数字化。从次，城市基层智慧交管。依托人工智能、大数据分析，实现城市基层交通数据采集与分析。通过捕捉城市区域内动态与静态的交通情况，打造智慧出行。监管城区违法驾驶，酒驾、醉驾等突发情况，做到智慧查处。通过智能化监测地面交通、地下交通、小型出租汽车客运、中型客车客运等运载实况，实现智慧运营。最后，城市基层智慧环保。依托遥感成像、大数据分析，实现城市基层环境卫生、环境监察、环境治理等工作智能化。聚焦河湖水质、污水处理、街道人居环境、废弃垃圾回收、街道绿化、文明城市创建等治理事务，做到智能化监测、可视化监察。

80. 加强城市基层智慧治理能力建设的重点工作是什么?

城市基层智慧治理能力建设指的是运用智能化、数字化、信息化技术手段,提高城市基层治理能力和水平的过程。加强城市基层智慧治理能力建设,要坚持全局观和"一盘棋"的工作理念。城市基层智慧治理能力的高低,关乎城市基层社会治理效能、基层公共服务供给水平和基层公共安全保障程度。为此,明确城市基层智慧治理能力建设的重点工作,有助于把握发展导向和确定整体布局。

一是做好规划建设。首先,将街道、社区纳入城市基层智慧治理能力建设的规划。市级政府作为城市基层智慧治理的规划主体,应坚持分级建设,将信息技术应用前置到街道、社区。街道、社区规划应秉持符合本层级职责范围和业务能力的原则,发挥联系社区居民"最后一公里"的优势,深化信息技术应用,惠及社区居民。其次,完善街道、社区基础设施建设。探索科学合理的社区综合服务设施的空间利用机制,为安装信息技术设施留置公共空间,接入语音通信网、互联网宽带,配备广播电视网络,搭建局域无线网等信息媒介。最后,搭建街道、社区系统平台。突出街道、社区在城市基层智慧治理能力建设中的载体功能。建立集平台内容架构、网络接口、组网设置、处理操作界面、技术运营商支撑与维护、用户访问、网页浏览等于一体的系统平台。

二是整合数据资源。首先,完善街道、社区的基础数据。街道、社区的基础数据是城市基层智慧治理的保障。要整合多维度、多方面的数据内容,包括地下管道网络铺设、户籍人口与流动人口的数量和结构、辖区各类企业等在内的基本数据信息。其次，完善街道与部门政务信息系统数据资源共享交换机制，深化政府层级间的业务联络，避免信息偏差。最后，推进社区数据资源建设，实行社区数据综合采集，实现一次采集、多方利用。社区综合数据要覆盖社区各项公共事务，包括社区党建、社区政务服务、社区生活服务、社区治理与社区居民自治等领域的数据信息。坚持"全方位、多口径"的数据收集工作思路，做到数据应采尽采，突出时间维度、重大事项变化等全过程数据。确保数据的真实性、准确度，反复核对模糊数据、失真数据。不同层级政府及其职能部门在开展各项惠民便民活动过程中，利用社区综合数据，辅助作出项目论证、内容纠正等事项决策，提高相关财政预算和配套资金支持的可靠性与真实性。

三是拓展应用场景。首先，推动各地政务服务平台向街道延伸。街道要积极发挥承接各级政府政务服务的载体功能，对口承接不同层级政府的执行事项、职责内容。利用身份认证服务，做到一次认证、全网办理。其次，开发简便应用软件。简便应用软件是把信息技术带来的数字化服务递送给社区居民的小型载体。通过政府购买服务、委托办理等形式，依托第三方大数据公司，结合本街道、本社区的实际需求开发简便的 App、小程序、移动客户端等，便于社区居民线上办理业务、进行信息交流。

81. 如何利用智慧城市、智慧社区助力城市基层智慧治理？

利用智慧城市、智慧社区助力城市基层智慧治理，是加强城市基层智慧治理能力建设的重要措施。智慧城市是运用物联网、云计算、大数据、空间地理信息集成等新一代信息技术，促进城市规划、建设、管理和服务智慧化的新理念和新模式。智慧社区建设是依托"互联网＋"与城市基层社区服务的深度融合，逐步构建设施智能、服务便捷、管理精细、环境宜居的社区治理和服务的新模式。强化城市基层智慧治理能力建设，要在深刻把握各自特点的基础上积极探索有效利用的整合机制，联动多种形式，提质增效。

一是依托智慧城市建设的硬件基础设施，提供各项工作的运行保障。首先，建好硬件设备作为运行基础。智慧城市集成了公共信息平台、公共数据库、计算储存设施、网络和智能感知等系统要件，是具备一体化支撑能力的综合智慧处理载体。城市基层智慧治理在推进各领域发展过程中，要积极利用与转化智慧城市的硬件配套设施，提高设备配置能力。其次，以高算力为分析基础。智慧城市建设实现了高精尖信息技术落地，集成了"空、天、地"一体化的时空大数据，搭载了高算力的云平台处理系统。面对复杂的动态城市基层治理问题，智慧城市能够实现实时数据分析、定位、目标锁定与进度评估，为城市基层智慧治理提供强大的分析能力保障。最后，以"一网统管"保障政务服务办理。智慧城市将卫生健康、公共安全、应急管理、交通运输、教育医疗等政务事项"一网统管"。城市基层智慧治理要依托智慧城市建设的后台统一管理，将之作为基础性支撑，优化前端的政务服务中心，提高"一网统办"的业务承载力。

二是依托智慧社区下沉的一线枢纽载体，推动各项工作的具体落实。首先，以信息系统为数据收集载体。智慧社区运用社区信息系统，收集与储存开展社区治理和服务的多领域信息，集成综合性的信息系统。城市基层智慧治理要充分利用系统化的智慧社区信息系统，作为各项工作执行与方案设计的参考依据。其次，以应用终端为载体联络社区居民。城市基层智慧治理的本质是优化社区居民服务供给。城市基层智慧治理整合了多方资源，要将其转化为数字化服务的虚拟化形式，并借助一线应用终端供给社区居民，保证开放、公平享受智慧服务。

82. 加强智慧社区建设有哪些突破口？

智慧社区建设是城市基层智慧治理能力建设的基础环节。加强智慧社区建设，应着眼于对接城市基层智慧信息系统，推动信息技术惠及社区居民。

一是推进多领域的智慧社区信息系统相结合。智慧社区信息系统是系统化、整体性、综合性的信息集成，覆盖社区党建、社区安全、社区教育、社区政务服务、社区商业、社区居民自治、社区居民协商等子信息系统。在推进各项社区治理活动过程中，要坚持信息收集、储存、更新与优化，借助办公软件、数据管理软件，将每项工作的纸质记录转化为电子版数据与文档，实现工作资料的数据化管理。

二是推进智慧社区技术平台运行。在技术支持上，运用"互联网+"、物联网、云计算等远程链接网络教育、数字公共文化服务、数字生活服务、数字出行信息等资源。在平台体验上，对智慧社区技术平台的操作界面优化设计，集成图像展示、消息提示、事项办结流程、版块分区、信息公开、资源链接等设置。在快捷键设计上，整合突出、便捷、易操作、好搜索、简化流程等特点。

三是完善智慧社区应用设备配置。智慧社区应用设备是支撑智慧社区信息交互、信息发布、信息反馈与信息公开等功能的技术载体。应将移动应用设备、固定安装应用设备、一体机应用设备等进行组合，完善不同场合中的应用设备配置。在移动应用设备配置方面，突出社区居民的智能手机设备的载体功能。同时，为社区工作者配备手持机、数据采集器等工作设备，提高社区智能化工作水平。在固定安装应用设备方面，采购台式办公电脑、LED 显示屏，安装小区监控摄像头、一键报警器、智慧线杆等设备。在一体机应用设备方面，社区服务大厅配备便民办公一体机、自助终端服务器等设备。

四是营造智慧社区生活场景。运用智慧社区应用设备，打造社区微影院、小剧场，建设智慧小区、智慧院落、智慧广场，集成贴近社区居民的智能设计，融入社区居民的生活场景。

五是打造智慧社区生活服务。完善社区智慧家居、社区智慧安防、社区智慧物业等智慧社区生活服务。在社区智慧家居方面，配备智能灯光控制、智能防盗门、智能感应器等智能家居设备，通过家庭的控制面板与家庭成员共享的智能移动控制平台，排除与监测上班、出游、出差、探亲等离家期间的安全隐患与财产安全风险，提升生活品质，提高社区安全性与管理效率。在社区智慧安防方面，根据单元楼、小区、院落等空间独立的特点，配置智能化设备。在社区智慧物业方面，转变传统物业管理方式，融合智能设备与信息技术，完善智能门禁、智慧停车、智慧路灯、智能充电桩、智能巡检等物业智能化设施。

83. 怎样构建城市社区公共服务综合信息平台？

城市社区公共服务综合信息平台是加强城市社区服务信息化建设的重要内容。构建社区公共服务综合信息平台，有利于实现数字赋能社区治理和服务，增强社区智慧治理能力。激活社区公共服务综合信息平台，首要任务是构建系统完备、承上启下的一体化运行枢纽中心，将社区公共服务综合信息平台打造成为强有力的社区治理和服务的"智慧大脑"。为此，要接入政务服务业务系统，厘清承接事项清单，优化集中办理功能。

一是在社区公共服务综合信息平台中接入政务服务业务系统。全国一体化政务服务平台建设延伸到城市基层社区，要依托社区公共服务综合信息平台，实现社区居民线上办理。就政府部门业务范围而言，社区公共服务综合信息平台要接入多项政务服务业务，实现平台最大限度集成不同层级、不同部门分散孤立、用途单一的各类业务信息系统。街道、社区围绕接入的业务系统内容与使用等具体事项，与上级政府进行协调，在满足接入通用业务系统需要的同时，打造符合本辖区特色的业务办理通道。

二是厘清社区公共服务综合信息平台的承接事项清单。社区公共服务综合信息平台接入各项政务服务业务系统后，转而推动社区政务服务发展。为此，社区公共服务综合信息平台所涉及的代办代理的公共服务事项，要形成受理清单，明确承接事项的类别、范围、对接政府部门、办理内容与申请材料等。在此基础上，办理城市基层社区权限范围内的社会管理和公共服务事项。

三是优化社区公共服务综合信息平台的集中办理功能。首先，设置受理窗口。推行"前台一口受理、后台分工协同"，实现前台综合性全科办理，最大程度受理多项业务；后台精细分类，线上分流与归口。其次，拓展平台应用。构建实体受理窗口、网上办事大厅、移动客户端、自助终端等多样化的办理方式，实现"一号申请、一窗受理、一网通办"。

84. 智慧家庭如何助力城市基层智慧治理？

智慧家庭是打通智慧社区与社区居民连接的"最后一公里"。智慧家庭广泛应用于城市基层智慧治理，有助于推动智慧治理进社区、进家庭。对照《智慧家庭综合标准化体系建设指南》，智慧家庭助力城市基层智慧治理的作用发挥凸显于链接信息技术、融合各方面资源与融入多应用领域。

一是链接信息技术。智慧家庭以物联网、宽带网络为基础，依托移动互联网、云计算等信息技术。在此基础上，城市基层智慧治理的应用设备、信息资源和操作系统得以接入社区家庭，将信息技术带入居民与家庭、居民与社区、居民与政府的互动过程。利用智慧家庭的智能设备联络服务提供方，通过授权访问的形式搭建智慧家庭与云端数字服务的在线开放访问机制，丰富智慧家庭的云端服务。

二是融合各方面资源。智慧家庭配备基础软硬件产品、组网设备、智能终端、智能家电、智能家居、集成平台和系统，构建完整的技术应用链，链接医疗、教育、安防、政务等社会公共服务设施和服务资源，实现社会服务资源、社区服务资源进家庭。利用智慧家庭构建的以户为单位的智能单元，妥善协商后，可以接入社区安全、消防、警务等管理平台的数据访问权限，及时发现突发险情，及早预警。

三是融入多应用领域。首先，应用于健康管理。以信息技术为依托，社区居民可使用健康管理检测与评估设备，实现自我管理，同步健康数据，辅助社区卫生服务中心进行健康信息资源管理。其次，应用于居家养老。通过智慧家庭融合信息技术，为居家养老的老人解决日常生活服务与健康问题，提供社会化服务。最后，应用于信息服务。利用智能手机、数字电视、网络光纤入户等提供的便利，实现网上购物、订制服务、社区团体活动等。利用智慧家庭构建的个体化家庭生活数据集，与社区卫生服务中心建立在线访问关系，在获取家庭数据的基础上，提供专业健康、生活管理咨询，优化生活体验。

85. 提供社区公共数字文化服务的主要方式有哪些?

社区公共数字文化服务是创新城市基层社区公共文化服务的重要方式，也是打造社区数字化服务的重要抓手。提供社区公共数字文化服务是在新时代新发展阶段深化数字赋能基层公共服务供给的鲜明体现。

一是依托信息技术整合各级各类公共文化服务。发挥信息技术撬动公共文化服务的功能，整合分布在城市基层不同部门分散孤立、用途单一的公共文化资源。与基层图书馆、博物馆、展览馆等服务单位建立联络机制，在城市基层社区设立公共文化服务点，推动服务进社区。

二是依托信息技术链接公共数字文化服务。运用"互联网+"，依托云端资源库，通过与相关单位协商沟通，链接省、市级公共文化服务，远程链接大型文化晚会、文化与旅游节目、传统文化讲坛等优质公共文化服务资源，合理配置社区公共综合服务设施，打造多功能放映室，吸引居民参与，丰富社区居民文化生活。

三是依托数字文化服务平台承接公共数字文化服务。利用基层综合性文化服务中心，发挥终端平台的支撑与载体作用。推动文化服务资源共享，集成数字图书馆、数字文化馆、数字博物馆等数字公共文化服务资源。依托城市基层社区服务站，链接基层综合性文化服务中心，打造社区数字文化服务平台，利用数字文化服务项目和资源，为基层社区居民提供数字阅读、文化娱乐等数字化服务。

86. 在城市基层智慧治理过程中如何方便老年人生活？

社区老年人是社区居民人群中的特殊群体，因高龄、行动不便等原因，是城市基层智慧治理能力建设中重点关心、细心保障的群体。为此，应根据老年人人群特点，在智能设备配置、智能设备技术应用教育、便民服务供给、服务设施改造与预防网络诈骗宣传教育等方面做好保障工作。

一是优化老年人智能设备配置。服务老年人的智能设备要突出实用性、便捷性等特点。依据合作协议引入市场力量，为老年人推荐物美价廉的智能设备，扩大个人购买智能设备的选择范围。适当建议老年人使用具备大屏幕、大字体、大音量、大电池容量、操作简单易懂等特点的手机设备。适当引入智能家居设备，如提供饮食、睡眠、健康体检等日常提示功能的智能化终端产品。适当在街道、社区开展智能设备配置的试点创新工作，总结和提炼成熟的配置机制。

二是开展老年人智能设备技术应用教育。协调智能设备生产、供给与销售的专业机构和专家进社区开展专题讲座，帮助老年人熟悉智能设备的主要功能、操作流程、注意事项等内容。同时，丰富技术应用教育的展示形式，设计制作专门的简易使用手册、操作彩图手册或者视频教程；进行现场演示，还原呈现设备启动、发出指令、唤醒功能、结束功能与退出设备等基本操作步骤，展示智能设备的定期维护、保养与维修等事项，讲解如何联络售后与专业人员上门维修等保障服务知识。组织、引导社区社会组织、社区志愿者和相关社会组织进社区，指导老年人操作使用智能设备。鼓励亲友、社区居民委员会、老年协会等为老年人使用智能化产品提供相应帮助。

三是保留线下老年人便民服务。针对确实无法使用智能设备的部分老年人，街道社区应积极组织、引导和便利城市社区社会组织、社会服务机构和各类社会组织进社区、进家庭，为居家老年人特别是高龄、"空巢"、失能、留守等重点人群，提供生活用品代购、餐饮外卖、家政预约、代收代缴、挂号取药、上门巡诊、精神慰藉等服务，确保线下满足老年人的基本生活服务需求。

四是加强老年人服务设施改造。在老年人日常出行与活动的场所，街道社区应协同有关部门改造一批设施，如社区便民消费服务中心、老年服务站等。基层公共服务场所或设施，如公园、活动场馆、景区、文化馆、博物馆等，应保留人工窗口，提供电子讲解、必要的信息引导、人工帮扶服务，以及出入区域的无障碍设施等，便于老年人进出活动。

五是加强预防依托智能设备滋生的网络诈骗的宣传教育。在智能设备的日常使用过程中，老年人常常成为电信网络诈骗犯罪实施者的侵害目标。要警惕、预防老年人遭遇网络诈骗，进行合理提示，维护老年人财产安全。街道社区应有序组织老年人接受防电信网络诈骗的安全宣传与防范措施的教育，通过典型案例、多发领域、通用骗术、惯用手段等基本信息纠正老年人的疏忽意识和心理，提高防范辨识度和防范知识水平。

87. 如何加强社区居民信息安全和隐私保护？

社区居民信息安全和隐私保护是城市基层智慧治理能力建设的重要内容。加强社区居民信息安全和隐私保护，要做好匿名化处理、信息保密、设置信息访问权限、开展信息安全教育和培训等保障工作。

一是做好匿名化处理。在服务居民过程中，城市基层干部应与社区居民达成一致性同意，对获取的居民信息和隐私进行必要的匿名化处理。首先，借助数字符号隐去个人信息。可使用阿拉伯数字对获取的居民隐私信息进行数字表示，不显示原来的信息内容。与此同时，也可以使用英文符号进行代替。其次，运用电子设备涂盖敏感信息。针对一些图像、证件号码、信息文档等电子化材料，利用智能手机、电脑掩盖敏感信息，进行必要的保护处理。

二是做好信息保密。在服务居民过程中，居民信息和隐私并非仅仅表现为图像、数字、表格等有形的材料，还体现在日常交流、谈话等无形的传播过程中。城市基层干部应提高职业自律，避免在无意的口耳相传、谈话聊天等交往过程中将信息宣扬出去。城市基层干部要强化责任感，进行自我约束，做好居民信息和隐私的保密工作。

三是设置信息访问权限。在部门间共享社区居民信息，容易出现信息泄露的问题。为避免这种情况发生，首先，对电子资料进行加密。图像、视频、电子文档和数据表格等电子材料应适当设置访问密码，在共享过程中需输入密码进行访问。其次，设置数据库访问权限。当居民信息汇集成大型的数据库时，数据管理员和专业技术人员应设置必要的访问权限，避免数据丢失与被盗。

四是开展信息安全教育和培训。首先，向社区居民普及信息安全和隐私保护的基础知识。通过联络政府，协同大数据管理中心、公安机关及第三方数据开发公司等单位，进社区为居民开办信息安全公益讲堂。其次，对城市基层干部进行信息安全业务管理培训。在定期轮岗培训中，设计信息安全教育的培训课程和内容，借助案例教学、跨部门业务交流等多种形式，提高其业务能力和信息安全意识。

88. 怎样鼓励社区居民网上参与公共事务？

智慧治理改变政府服务社区居民的方式，同时也改变社区居民与政府的互动形式。为此，要想调动社区居民网上参与公共事务积极性，集民智、聚民力、汇民情，就要做好宣传引导、带头示范，将有效激励与情感联络相结合。

一是开展宣传引导。首先，公开网上参与的渠道。调动社区居民网上参与公共事务积极性的首要前提是解决居民如何参与的问题。要宣传社区论坛、联络群、政府留言板等载体的支撑作用，明确参与方式。其次，明确参与的基本事项。应依托信息化参与渠道，清楚告知参与的内容，最大程度短时间明晰居民参与最关注、最关心、最想解决的问题。

二是做好带头示范。街道社区干部应以身作则，发挥带头示范作用。首先，明确利害关系，参与维护切身利益。应引导社区居民充分认识到，网上公共事务所涉及的民生保障等事项影响生活的方方面面。为了确保利益、行使权利，基层干部应率先行动，带动居民参与。其次，公开基层干部参与公共事务的行为示范，带领社区居民共同行动。

三是实施有效激励。采取多种激励方式，给予网上参与公共事务的社区居民激励反馈，持续调动其参与的积极性。首先，优化积分兑换制度。给予发挥示范作用的居民积分奖励，同时扩大积分的兑换功能，关联居民紧缺的服务保障。其次，突出居民的自我价值实现。要引导社区居民发现网上参与公共事务的意义，以及参与所带来的良好社会效应、自我实现感，从而提高居民自我认知、自身价值认同。

四是密切情感联络。首先，在传统节日送祝福。利用线上短信、通信群等信息化方式，在节日发送祝福语，活跃氛围，联络感情。其次，关照特殊困难居民。及时留心、多联络遇到难事的社区居民，提供关爱，联合多方力量帮助解决困难。最后，利用社区团聚机会。社区大型文体娱乐活动是沟通联络社区居民的好机会，可以创造密切互动、相互问候的机会，增进彼此情谊。

89. 城市基层干部如何走好网上群众路线？

2016 年 4 月 19 日，习近平总书记在网络安全和信息化工作座谈会上指出："各级党政机关和领导干部要学会通过网络走群众路线，经常上网看看，潜潜水、聊聊天、发发声，了解群众所思所愿，收集好想法好建议，积极回应网民关切、解疑释惑。"这要求在城市基层智慧治理能力建设中，要提升城市基层干部通过网络走群众路线的能力。

一是占领网络宣传阵地。当前，信息技术构建数字社会，以网络为载体将基层群众的活动阵地由以线下为主转变为线下线上并重。网络空间存在价值观各异、思想理念歪曲、诋毁客观事实、颠倒是非曲直等现象。基层干部应在加强网络宣传教育方面积极作为。首先，警告、纠正与制止不良行为。要敢于亮明身份，面对误导人民群众、损害人民群众利益的网络言论，应及时追加评论予以制止，并截图向有关部门进行举报，降低网络传播的损害。其次，以法律法规为根据据理力争。遮蔽真相的网络言论一定是扭曲事实的一家之言。基层干部应根据相关法律法规，线上告知发表言论人，明确其需要承担的法律责任，进而劝导其及时删除不当言论。最后，加强宣传党和国家方针政策。网络宣传的失真，一定程度上来源于对党和国家当前政策的误解。基层干部应大力宣传惠民利民的优惠政策，推动消除网上部分群众的不信任感。

二是听取网上群众意见。基层群众通过网络发表的诸多言论，源自其对社会生产生活亲身经历的体会与感受。基层干部应当持宽容、耐心的心态，积极听取群众的意见表达，与群众产生共鸣、共情，线上联络、劝导与帮助群众寻找正确的问题解决途径。同时，记录多数群众关注的重要问题，进行收集整理，通过线下反馈给所在单位或者有关部门，给予及时有效的回应。

三是洞察网上民生诉求。基层干部要时刻想群众之所想，急群众之所急，解群众之所难。首先，积极听取群众的民生诉求，了解群众的难事、烦事、揪心事。其次，告知解决问题的流程与事务办理途径。最后，积极联络相关单位，整合多方力量，转为线下帮扶。

对于无法即时回应与解决的问题，基层干部可先安抚群众情绪，将详细情况记录后，引导其线下办理，并可为其申请相关绿色通道、紧急救助或常规办理等业务。

90. 城市基层干部应如何认识和应对网络舆情？

网络舆情是依托互联网、物联网、大数据等信息技术形式，短时间内迅速扩散、引起热议、造成重大社会影响网络突发事件。在城市基层智慧治理能力建设过程中，基层干部应树立网络舆情的紧急应对意识，培养引导舆论导向的行动能力。

一是在思想观念上正确看待。网络不是法外之地，维护网络安全，正本清源、清风正气，是基层干部正确对待网络舆情的基本态度。要牢牢守住网络舆论的红线、底线，坚持网络也是公共场所，需要维护秩序与良好发展。同时，警惕造谣生事、侮辱革命先烈、抹黑国家栋梁等言论，基层干部应做到发现一起举报一起，做到有责担责。

二是在职业素养上提升分析研判能力。网络舆情往往滋生于小事件、小范围的网络议论与推送传播。对此，应提升基层干部基本的职业素养。首先，开展网络舆情的教育培训。基层政府部门可以联络相关专业院校专家为基层干部讲授网络舆情的基本知识，扫除盲区。同时，开展定期的专业轮训，建立常规的培训机制。其次，开展网络舆情测试考评，提高实践甄别能力。联络相关单位共同举办基层应对网络舆情竞赛，提高基层干部的积极性与参与度。

三是在回应机制上迅速应对。网络负面舆情的危害是遮蔽真相，短时间内快速传播，引导群众盲目从众，造成社会危害。基层干部发现网络负面舆情后要迅速回应。首先，评估即时的发展态势，正确引导。其次，迅速上报公安机关或网络舆情中心。基层干部应第一时间向上级相关部门报告情况，提请采取紧急处理措施。最后，联络相关单位，第一时间作网络澄清还原真相。

加强城市基层治理的组织保障

91. 如何做好容错纠错工作让城市基层干部敢作为、能作为？

建立鼓励城市基层干部探索创新的容错纠错机制，旗帜鲜明为那些敢于担当、踏实做事、不谋私利的干部撑腰鼓劲，才能激励广大干部奋发有为。

一是坚持"三个区分开来"，厘清容错界限。把干部在推进改革中因缺乏经验、先行先试出现的失误错误，同明知故犯的违纪违法行为区分开来；把尚无明确限制的探索性试验中的失误错误，同明令禁止后依然我行我素的违纪违法行为区分开来；把为推动发展的无意过失，同为谋取私利的违纪违法行为区分开来。基层应结合本地区实际，从问题性质、主观动机、客观条件、决策程序、后果影响、纠错处置等方面着手细化标准、合理厘清边界，因地制宜制定具体标准。同时，要防止出现容错过度的现象，要通过建立容错负面清单的方式来强化约束，划定红线和底线，使广大干部准确掌握容错的尺度。

二是规范容错程序。首先，要合理确定作出容错决定的主体。容错机制的主体应涵盖纪检监察机关、组织（人事）部门等，以便对干部犯错的程度从不同角度进行综合判断。对一些具有较强科技含量和专业性质的决策事项要保留引入专业人士参与评判的可能性，对于涉及重大公共利益、群众关切的失误事件则保留引进群众听证会制度的可能性。其次，要以容错为核心加快推进实施细则、工作程序、责任清单、考核评价等规范建设，从而形成涵盖申请、核实、认定、报备全流程的容错机制。加强上级部门对容错结果的运用，使相关干部能够得到公正评价和合理使用。

三是坚持容错与纠错相统一。容错与纠错是激励广大城市基层干部干事创业的"一体两翼"，二者辩证统一、相辅相成、并行不悖。容错不代表可以一直犯错，有错误必须立即纠正，有错不纠即为失职，只容不纠就是放任。只有切实把容错与纠错有机统一起来，既敢于容错又积极纠错，才能发挥预期作用，引导广大基层干部既勇于担当、大胆创新，又注意改正错误、少走弯路。对苗头性、倾向性问题早发现早纠正，对失误错误及时采取补救措施，帮助干部汲取教训、改进提高，让他们放下包袱、轻装上阵。作出容错免责决定时，应提出纠错要求，责令限期整改。对整改不力或拒不整改的，按有关规定予以问责。

92. 夯实城市基层党建工作需要做好哪些基础保障?

加强党对城市基层治理的领导，必须抓住关键要素，坚持重心下移、资源下沉，使基层党组织有资源有能力为群众服务，进一步夯实基层党建工作的基础保障。

一是加强经费和资源保障。应当完善街道经费保障机制，进一步深化街道国库集中支付制度改革。把社区党组织工作经费纳入财政预算，落实社区运转经费、党建工作经费、服务群众专项经费、服务设施和社区信息化建设经费，提升社区场所阵地服务承载能力。各系统各部门给基层安排任务，要按照权随责走、费随事转原则，提供相应的资金和资源，并以基层组织为主渠道落实到位。

二是加大政策倾斜。充实基层治理骨干力量，加强基层党务工作者队伍建设。结合机构改革强化力量配备，在编制、职数、待遇等方面加大对街道社区的政策倾斜力度。市、县级政府要综合考虑服务居民数量等因素制定社区工作者配备标准。注重吸引政治觉悟高、热爱社区事业、热心服务群众、具有一定专业素养的人才到社区工作，建设一支数量充足、结构合理、管理规范、素质优良的社区工作者队伍。健全社区工作者职业体系，设立岗位等级序列，建立岗位薪酬制度并完善动态调整机制，按规定落实报酬待遇，形成正常增长机制。探索将专职网格员纳入社区工作者管理。加强城乡社区服务人才队伍建设，引导高校毕业生等从事社区工作。建立正向激励机制，加大表彰奖励力度，增强职业荣誉感，引导基层干部努力担当作为。加大从优秀社区工作者中招录（聘）公务员或事业单位工作人员、选拔街道干部力度。

三是建设覆盖广泛、集约高效的党群服务中心。要综合区位特点、人群特征、服务半径等因素，整合党建、政务和社会服务等各种资源，统筹建设布局合理、功能完备、互联互通的党群服务中心，打造党员和群众的共同园地。重点依托街道、社区综合服务设施建好街道、社区党群服务中心（站点），区（县、市、旗）有关部门要把服务窗口下移到街道、社区，推行一站式服务和"最多跑一次"改革，让党员群众在家门口就能找到组织，享受便利服务。依托楼宇、园区、商圈、市场或较大的企业，建设特色鲜明、功能聚焦的区域性党群服务中心（站点）。加强规范化建设，配备专职工作人员，完善工作保障和运行机制。

93. 如何防止城市基层工作中的多头重复督查检查考核?

基层工作中人手越少、事情越多,就越是考验管理的科学性、规范性、高效性。城市基层工作中的多头重复督查检查考核不仅扰乱基层工作,也会使基层偏离服务群众的工作重心。

一是简化督查检查考核工作。准确把握党中央关于统筹规范督查检查考核工作的要求,坚决克服形式主义、官僚主义,防止出现名目繁多、频率过高、多头重复、重留痕轻实绩等问题,增强督查检查考核工作的科学性、针对性、实效性。取消一切不必要的填表报数和检查评估,切实减轻基层负担,简化检查评估。要完善体系、改进方法、创新方式、简化操作、优化流程,公平公正、客观全面评价地方工作成效,避免增加基层负担。

二是优化方式方法。要科学运用督查方式,采取行之有效的做法,推动督查增效和基层减负并举;通过访谈、座谈等更多听取基层和群众的意见,掌握第一手材料;充分运用现代信息技术手段开展"互联网+督查",推动举一反三、由点及面整改落实。结合实际组织开展涉及多领域、多部门、多事项的综合督查,专门领域或特定工作专项督查,个案事件调查,决策部署日常督办,以及有关问题线索核查等。注重督查方式方法的优化和协调衔接,形成多措并举、贯通协调的督查落实工作机制。

三是加强部门间监督检查统筹衔接。严格落实党中央关于为基层减负的有关要求,避免重复检查和盲区。改进监督方式,更多运用大数据、"互联网+"等方式。着力减轻基层负担,并在深入剖析问题原因的基础上，坚持从体制机制制度层面完善管理、深化改革，建立健全问题整改长效机制。

94. 如何发挥基层党务工作者在城市基层治理中的作用？

党务工作应通过服务党组织中心大局工作，巩固党的领导核心地位。城市基层党务工作者要提升思想觉悟，履职尽责，发挥骨干作用。

一是明确城市基层党务工作者的基本职责。明确党支部书记、党支部副书记和党支部组织委员、宣传委员、纪检委员等各自的职责，尽职尽责，保证党的路线方针政策在城市基层得以贯彻实施。

二是加强城市基层党务工作者队伍建设，提升党务工作者的专业素质和工作能力。首先，加大基层党务工作者选拔、教育培训力度，有计划地培养基层党务工作者后备力量。可以以集中培训、组织参观、学习研讨、经验交流等多种形式促进党务工作者提高自身素质水平，从而拓宽视野，树立全局观、大局观，培养全面统筹能力。其次，要加强实践与锻炼。可以通过轮岗轮值等方式向基层学、向群众学，使基层党务工作者将理论知识与实践相结合，在实践中经受锻炼、积累经验，提高素质、增长才干。最后，坚持分类指导的原则，配强街道党务工作力量，积极引导城市基层党务工作者做好本职工作、履行职责，坚持选任多样化、管理规范化、工作专业化，建设一支素质优良、结构合理、数量充足的党务工作者队伍。

三是完善城市基层党务工作者的监督考核评价机制。要坚持严格管理和关心激励相结合,建立健全符合实际情况的基层党务工作者管理考核和激励约束制度,并将考核结果作为评先评优的重要依据。科学全面地对城市基层党务工作者进行考核与监督,强化责任,激发城市基层党务工作者的积极性和工作热情。

95. 推动社区慈善发展要做好哪些工作?

社区慈善旨在联合政府部门、社区居民、公益慈善组织、企业等多方主体,通过持续性提供服务、分配慈善资源等方式不断拓展服务空间,提高居民生活质量,满足居民多样化需求。发展社区慈善,对于完善城市基层治理结构、培育社区慈善文化、构建和谐社区具有重要意义。

一是培育慈善类社区社会组织。首先,制定实施社区社会组织直接登记管理办法,引导慈善类社区社会组织进行依法登记。可根据社区特点和实际情况,适当放宽慈善类社区社会组织的注册资金和场地限制,暂不具备登记条件的,可先在街道办事处备案,并纳入政府监督视野。其次,鼓励社区居委会、物业管理公司、业主委员会设立社区基金会,推动社区慈善发展。最后,鼓励慈善类社区社会组织跨社区合作,使相邻社区共享慈善资源,不断增强社区自我救助能力。

二是积极发展社区志愿服务,完善社区志愿服务招募、注册、培训、服务记录、激励回馈、保障等政策,发展壮大社区志愿者队伍,实行社区志愿者注册登记,促进社区志愿服务制度化常态化。可依托城乡社区服务中心、新时代文明实践站、社会工作服务站

（室）、社区慈善服务站点开展志愿者招募，开发志愿服务项目，设置志愿服务岗位，广泛开展安老、扶孤、助学、助残、济困、救灾等社区志愿服务。

三是激发社区慈善活力。首先，采取政府购买服务等方式，加大对慈善类社区社会组织的扶持力度。将适合政府购买服务的慈善项目纳入有关部门政府购买服务目录，在社会救助、扶贫济困、社会工作、志愿服务运营管理等政府购买服务中，同等条件下优先考虑慈善类社区社会组织。其次，推动社区慈善和社会工作融合发展。鼓励慈善类社区社会组织运用社会工作理念和方法开展社区慈善项目，推动慈善类社区社会组织从单一的物质救助向物质救助与精神支持、能力提升并重转变，为服务对象提供精准化、精细化的专业服务。鼓励符合条件的社会工作服务机构申请认定为慈善类社区社会组织，发挥社会工作贴近基层、了解群众需求、链接慈善资源的优势，动员社区居民积极参与慈善活动。

四是弘扬社区慈善文化。首先，推动社区慈善文化融入居民日常生活，帮助社区居民树立与人为善、以善为荣、以善为乐的价值理念。拓宽慈善走进千家万户的路径，倡导以家庭为单位参与社区慈善事业，将慈善作为家风重要内容，培育家庭慈善理念，在家庭成员中形成共同参与社区慈善活动的良好风尚。其次，健全激励表彰机制。按规定对为社区慈善事业发展作出突出贡献、社会影响较大的个人、家庭和集体予以表彰，进一步树立先进典型，弘扬扶贫济困、恤孤助残、乐善好施、积德行善等中华民族传统美德，丰富新时代社区慈善文化内涵，营造良好的社区慈善氛围。

96. 城市社区综合服务设施应从何处补齐短板？

完善公共服务设施供给、优化社区公共服务设施布局已成为提升社区公共服务质量的当务之急。具体而言，补齐城市社区综合服务设施的短板应从以下三方面着力。

一是突出分层分类，推动社区空间功能布局有改观。在建设城市社区综合服务设施前，要充分调查考虑不同地区区位条件、资源禀赋、发展阶段和居民需求的差异性，因地制宜进行建设，避免资源浪费。要进一步提升城市社区综合服务设施覆盖率和服务水平，在一定程度上保证社区居民对于城市社区综合服务设施的体验感及资源的合理化运用。

二是突出综合施策，推动社区综合服务设施有改善。推动社区资源要素顺向整合，优化服务供给，综合采用新建配建、改建扩建、购置租赁、合作共建等多种方式，补齐社区综合服务设施短板。在新建配建方面，严格落实新建小区社区服务设施公建配套制度，明确规模、产权和移交等规定，确保与住宅主体工程同步规划、同步建设、同步验收、同步交付使用。在改建扩建方面，在符合国土空间规划的前提下，对面积不达标、功能不齐全、不能满足群众需求的社区综合服务设施，按规定纳入城镇老旧小区等城市更新工作予以统筹推进。在购置租赁方面，支持不具备新建、改扩建条件和无法使用现成国有资产的社区，通过向社会购买、租赁等方式予以保障。在合作共建方面，整合驻区单位、企业、社会组织、居民等资源，推动街道、社区与驻区单位资源共用、阵地共建、活动共办、优势互补，最大限度发挥资源使用效益，改善社区基础设施条件，丰富社区服务供给。

三是突出服务至上，推动社区治理和服务供给水平有提升。坚持以人为本、服务至上，推进社区综合服务设施亲民改造、场景营造、服务集成，提升城市社区公共服务供给水平。优化社区综合服务设施布局，配备引导人员，设置现场接待窗口，推广一站式服务，进一步改善居民的办事体验。遵循便民化理念，对社区党群服务中心进行改造提升，优化办事程序和服务时段管理，提升服务效率；把握传统社区空间向居民生活、情感、价值领域渗透融合的场景延伸新趋势，统筹服务场景与文化、生态、空间、消费、共治、智慧场景的营造工作，推进社区生活服务便捷化品质化；优化社区服务供给，推动社区政务服务、社会服务和自我服务集成，不断提升社区居民的获得感、幸福感、安全感。拓展综合服务设施的服务功能，可将社区综合服务设施闲置空间、非必要办公空间改造为免费经营场地，优先向下岗失业人员、高校毕业生、农民工、就业困难人员提供，将闲置的综合服务设施效用最大化。

97. 城市基层治理如何更好地回应群众关切？

2012 年 12 月，习近平总书记在中央政治局会议审议八项规定时指出，我们不舒服一点、不自在一点，老百姓的舒适度就好一点、满意度就高一点，对我们的感觉就好一点。在城市基层治理中，群众对基层工作的认可度是一个很重要的参照，必须多管齐下，让群众过舒心日子、让群众满意。

一是要着力强化基层党组织抓党建主体责任。牢固树立"抓好党建是本职，不抓党建是失职，抓不好党建是渎职"的理念，推进

"基层党组织软弱涣散、党员教育管理宽松软、基层党建主体责任缺失问题"整治工作，不断提升基层党建工作水平，为实现共同富裕提供坚实保障。深化党建引领"街道吹哨、部门报到"改革和"接诉即办"工作，积极回应人民群众关切的就业、教育、医疗、养老、住房、交通、环境等问题，办好群众家门口的事，切实增强人民群众的获得感、幸福感、安全感。

二是全面提升辖区环境质量，重点实施痛点难点改造。各地要结合实际，合理界定本地区改造对象范围，从基础类、完善类、提升类三方面着手完成对辖区的改造。比如，对老旧小区楼院实施外墙保温工程、为老楼加装电梯、改造再利用社区空地、清理堆积旧物等；整治小区及周边绿化、照明等环境，改造或建设小区及周边适老设施、无障碍设施、停车库（场）等配套设施；推进公共服务设施配套建设及其智慧化改造，丰富社区服务供给、提升居民生活品质。从人民群众最关心最直接最现实的利益问题出发，征求居民意见并合理确定改造内容，让人民群众生活更方便、更舒心、更美好。

三是扩大居民参与，提升基层治理效能。提高社区居民议事协商能力，凡涉及社区公共利益的重大决策事项、关乎居民群众切身利益的实际困难问题和矛盾纠纷，原则上由社区党组织、基层群众性自治组织牵头，组织居民群众协商解决。引导社区居民密切日常交往、参与公共事务、开展协商活动、组织邻里互助，探索网络化社区治理和服务新模式。广泛发动居民群众和驻社区机关企事业单位参与环保活动，建设资源节约型、环境友好型社区。探索基层政府组织社区居民在社区资源配置公共政策决策和执行过程中，有序参与听证、开展民主评议的机制。要引导居民参与城市基层治理，培养居民的治理思维和主人翁意识，营造全社会关心、支持、参与社区治理的良好氛围。

98. 高素质城市基层干部队伍建设的着力点是什么?

一支能力素质过硬的城市基层干部队伍，是关乎党的路线方针政策能够得到有效贯彻落实的重要因素。高素质城市基层干部队伍建设，绝非一日之功，不可一蹴而就，要在政治标准、理论学习、思想教育、作风建设四个方面着力，严抓教育培养，提升实践水平。

一是突出政治标准。城市基层干部的高素质必须建立在政治过硬的基础之上，也只有政治过硬的干部，其专业化发展才有牢固的根基、发展的方向。要始终把政治标准放在第一位，既"听其言"更"观其行"，科学全面考察识别城市基层干部，确保他们是政治上的明白人。严把政治关、品行关、能力关、作风关、廉洁关，对政治上不合格的"一票否决"，坚决把牢城市基层干部队伍入口关。

二是加强理论学习。严格落实"三会一课"制度，推动理论学习往深里走、往实里走、往心里走。紧密结合实际工作开展学习，高度重视将理论学习和实践相结合，建立健全学习机制，采用集体学习和自我学习的方式，以扎实理论武装城市基层干部，牢固树立政治意识、大局意识、核心意识、看齐意识。

三是加强思想教育。强化理想信念教育和党性教育。通过教育，从廉洁自律和党的光荣传统入手引导城市基层党员干部把爱党和爱民结合起来、为官和为人结合起来，从而真正做到为民服务。广大城市基层干部要在工作和生活中勤于思考，淬炼思想，用长远的眼光来看待自己所面临的一切问题。

四是加强作风建设。作风建设是党的建设的重要组成部分，良好的干部作风是党风政风的重要体现。强化城市基层干部作风建设，要牢固树立群众观念，克服形式主义、官僚主义，不能"摆花架子"，而是多为群众办实事、办好事、解难题。要紧紧扭住城市基层干部作风建设这个牛鼻子，并且常抓不懈，才能出实效、出成绩。

99. 怎样保证社会工作专业人才留得住、用得好？

大力加强社会工作专业人才队伍建设，对增强社区服务功能、创新公共服务方式、满足人民群众日益增长的社会服务需求具有积极意义。自党的十六届六中全会提出建设宏大的社会工作人才队伍以来，我国专业社会工作得到迅速发展，但也存在着社工机构招人难、留人难的问题，影响了社工队伍的稳定和素质提升。开发和规范社会工作专业岗位，提升社会工作专业人才薪酬待遇和激励保障水平，使社会工作专业人才留得住、用得好，是发展专业社会工作的当务之急。要想在留住人才的基础上，真正发挥在岗人才的价值，必须从以下几个方面发力。

一是事业发展留人。首先，大力开发社会工作专业岗位。根据群团基层组织、城乡社区以及相关事业单位、社会组织的性质与特点，适应不同领域专业社会工作发展的实际需要开发社会工作专业岗位。其次，社工机构在不断发展壮大的同时，要优化组织结构，合理设置职级层级，制定公平、公开、公正的晋升激励机制，根据机构发展和对社会工作专业人才的需要，在管理、督导、专业培训、社会服务、区域管理等岗位上，为优秀社工提供个人提升和发展机会。

二是提升待遇留人。首先，要建立职业晋升机制，完善助理社会工作师、社会工作师和高级社会工作师职业水平评价制度，将社会工作专业人才纳入专业技术人员管理范围，引导有关社会组织建立符合社会工作专业人才特点的岗位体系，为社会工作专业人才提供成长发展的空间。拓宽社工晋升渠道，在机构内部开发培训讲师、督导、社会服务项目和岗位，使机构自身提升造血能力，探索增加社工收入的渠道。其次，要完善政府购买社会工作服务成本核算制度，编制预算时要将社会工作专业人才人力成本作为重要核算依据。建立健全社会工作专业人才薪酬保障机制，逐步提高社会工作专业人才整体薪酬；将在社区从事专业社会工作服务的社会工作专业人才工资待遇纳入政府财政支持范围；对社会组织工作的社会工作专业人才，鼓励地方按照不低于当地专业技术人员平均工资水平制定薪酬指导标准，办理社会保险。

三是畅通流动选拔渠道留人。承担社会服务职能的相关行政部门和群团组织根据事业发展需要逐步使用社会工作专业人才；鼓励县（市、区）、乡（镇、街道）行政机关、人民团体中直接面向人民群众提供社会服务的相关岗位充实社会工作专业人才；要求各级党政机关招录社会服务相关职位公务员时，在同等条件下可优先录用具有丰富基层实践经验、善于做群众工作的社会工作专业人才；注重把政治素质好、业务水平高的社会工作专业人才吸纳进党员干部队伍、选拔进基层领导班子，支持有突出贡献的社会工作专业人才进入人大、政协参政议政。

四是文化情感留人。首先，要发挥社工机构组织文化的导向功能、激励功能、凝聚功能和约束功能，把组织文化融入机构的运营管理。为社会工作专业人才营造有利的社会工作氛围和舆论环境，社会工作行政管理部门和各级政府要借助世界社会工作日、社会工作宣传周等时间节点，利用电视、网络等媒体介质加大宣传力度，大力宣扬方针政策和先进事迹，形成人人关心、支持、尊重、理解社会工作的良好社会氛围，不断激发社会工作专业人才的主观能动性。其次，要积极推动社会工作走向学校、走向企业、走向基层、走向社会，切实让社会工作专业人才在有利的环境和氛围中获得更多的职业认同感和价值感。实施文化和专业学习激励制度，为各层级优秀社会工作专业人才提供更多的专业学习、文化交流、经验分享和培训、督导的机会，安排优秀社会工作专业人才到各地考察学习，开阔视野，丰富知识，进一步增强归属感。

100. 应从何处落实对城市基层干部的关心关爱？

基层干部是加强城市基层基础工作的关键。切实关心、爱护广大城市基层干部，是激发城市基层活力的重要动力。多措并举全方位关心关爱城市基层干部，总的要求是坚持严格管理和关心信任相统一，政治上激励、工作上支持、待遇上保障、心理上关怀，增强干部的荣誉感、归属感、获得感。在落实中要注重以下四方面内容。

一是思想上重视，进一步强化关心关爱基层干部的意识。定期开展思想动态分析，做好思想政治工作。落实谈心谈话制度，深入了解干部思想、工作和生活情况，在干部遇到挫折和困难出现思想波动、情绪不稳时，帮助疏导情绪压力，及时解疑释惑、加油鼓劲。坚持和完善体检制度，保障体检经费。加强干部心理健康培训、指导和评估，及时帮干部解开思想疙瘩，为他们加油鼓劲。各级党委和基层党组织应加强对城市基层干部的教育管理和激励关怀，严格组织生活和纪律约束，对党外优秀人才要加强政治引领和政治吸引，使干部在基层充分感受党的关怀关爱，沿着正确方向健康成长。

二是工作上重视，进一步完善工作考核评比方式。按照干部考核相关规定，科学设置考评体系，进一步规范和控制各种检查、评比、达标活动，大力精简会议、文件和简报，抵制层层加码式的工作清单及随意压缩工作时限，切实改进会风、文风，实实在在为城市基层干部减轻负担，让他们从疲于应付中解脱出来，投入更多的时间和精力去主动研究工作，集中更多精力为群众办实事解难题。

三是发展上重视，进一步畅通基层干部发展通道。年轻干部流失快等问题始终是基层的痛点，要制定和完善培育、选拔、管理和使用基层干部的相关政策和具体措施，充分调动城市基层干部的积极性、主动性，让城市基层干部更有干劲。

四是生活上重视，进一步解决基层干部的后顾之忧。关心关爱基层干部常态化不是一句空话，要切实落实到行动上。健全城市基层干部待遇激励保障制度体系，做好平时激励、专项表彰奖励工作，落实体检、休假等制度，关注心理健康，丰富文体生活，保证正常福利，保障合法权益。要给城市基层干部更多理解和支持，主动排忧解难，在政策、待遇等方面给予倾斜，将资源用在城市基层干部最迫切的需求上，真正提高他们的获得感，让他们安心、安身、安业，更好履职奉献。

党的十八大以来
城市基层治理重要文件概览

序号	名称	时间
1	关于培育和践行社会主义核心价值观的意见	2013
2	民政部关于加强全国社区管理和服务创新实验区工作的意见	2013
3	关于推进社区公共服务综合信息平台建设的指导意见	2013
4	国家新型城镇化规划（2014—2020 年）	2014
5	关于加强基层服务型党组织建设的意见	2014
6	国务院办公厅关于促进电子政务协调发展的指导意见	2014
7	智慧社区建设指南（试行）	2014
8	关于促进智慧城市健康发展的指导意见	2014
9	关于加快构建现代公共文化服务体系的意见	2015
10	关于加强社会治安防控体系建设的意见	2015
11	中共中央关于加强和改进党的群团工作的意见	2015
12	关于加强社会组织党的建设工作的意见（试行）	2015
13	民政部关于加强和改进社会组织教育培训工作的指导意见	2015
14	中共中央　国务院关于进一步加强城市规划建设管理工作的若干意见	2016
15	关于改革社会组织管理制度促进社会组织健康有序发展的意见	2016

续表

序号	名称	时间
16	健全落实社会治安综合治理领导责任制规定	2016
17	中共中央组织部　人力资源社会保障部　国家公务员局关于推进公务员职业道德建设工程的意见	2016
18	中共中央　国务院关于推进安全生产领域改革发展的意见	2016
19	中共中央　国务院关于推进防灾减灾救灾体制机制改革的意见	2016
20	关于进一步把社会主义核心价值观融入法治建设的指导意见	2016
21	国务院关于加快推进"互联网＋政务服务"工作的指导意见	2016
22	"十三五"国家信息化规划	2016
23	国家综合防灾减灾规划（2016—2020年）	2016
24	城乡社区服务体系建设规划（2016—2020年）	2016
25	全国民政标准化"十三五"发展规划	2016
26	中共中央　国务院关于加强和完善城乡社区治理的意见	2017
27	国家突发事件应急体系建设"十三五"规划	2017
28	民政部关于大力培育发展社区社会组织的意见	2017
29	关于推进城市安全发展的意见	2018
30	关于开展扫黑除恶专项斗争的通知	2018
31	数字中国建设发展报告（2017年）	2018
32	关于进一步激励广大干部新时代新担当新作为的意见	2018
33	关于党的基层组织任期的意见	2018
34	民政部　中央组织部　中央政法委　中央文明办　司法部　农业农村部　全国妇联关于做好村规民约和居民公约工作的指导意见	2018

序号	名称	时间
35	中共中央关于加强党的政治建设的意见	2019
36	党政领导干部选拔任用工作条例	2019
37	关于解决形式主义突出问题为基层减负的通知	2019
38	公务员职务与职级并行规定	2019
39	关于加强和改进城市基层党的建设工作的意见	2019
40	2019—2023 年全国党员教育培训工作规划	2019
41	国务院办公厅关于全面推进基层政务公开标准化规范化工作的指导意见	2019
42	国务院安委会办公室 国家减灾委办公室 应急管理部关于加强应急基础信息管理的通知	2019
43	新时代公民道德建设实施纲要	2019
44	国家安全发展示范城市评价与管理办法	2019
45	新时代爱国主义教育实施纲要	2019
46	中央应对新型冠状病毒感染肺炎疫情工作领导小组关于全面落实疫情防控一线城乡社区工作者关心关爱措施的通知	2020
47	民政 国家发展改革委 公安部 司法部 人力资源社会保障部 国家卫生健康委关于改进和规范基层群众性自治组织出具证明工作的指导意见	2020
48	法治社会建设实施纲要（2020—2025 年）	2020
49	培育发展社区社会组织专项行动方案（2021—2023 年）	2020
50	关于加强社会主义法治文化建设的意见	2021
51	中共中央 国务院关于加强基层治理体系和治理能力现代化建设的意见	2021

序号	名称	时间
52	法治中国建设规划（2020—2025 年）	2021
53	民政部　国家卫生健康委关于进一步提高城乡社区防控精准化精细化水平的通知	2021
54	住房和城乡建设部等部门关于加快发展数字家庭　提高居住品质的指导意见	2021

｜后 记｜

　　"人民城市人民建，人民城市为人民。"城市基层治理是国家治理的重要内容，党的十八大以来，以习近平同志为核心的党中央高度重视城市基层治理工作，习近平总书记就加强和创新城市基层治理发表了一系列重要论述，为城市基层治理指明了方向、提供了根本遵循。为深入学习习近平总书记关于城市基层治理重要论述精神，激励干部担当作为、精准施策，更好地以改革创新精神推进城市基层治理现代化建设，中央组织部会同民政部系统梳理总结了党的十八大以来城市基层治理一系列政策法规，编写本书，以问答的形式进行解读，供广大基层干部学习借鉴。

　　本书由中央组织部牵头，民政部组织编写，全国干部培训教材编审指导委员会办公室审定。参与本书编写和修改工作的人员主要有（按姓氏笔画排序）：马晓慧、田芳、李健、李亚娟、李振家、张雷、陈越良、高洪山、黄观鸿、颜德如。在编写过程中，中央组织部干部教育局负责组织协调工作，党建读物出版社等单位给予了大力支持。在此，谨对所有给予本书帮助支持的单位和同志表示衷心感谢。

编　者

2021 年 11 月

图书在版编目(CIP)数据

城市基层治理政策法规解读 / 全国干部培训教材编审指导委员会办公室组织编写. — 北京；党建读物出版社, 2021.11

全国基层干部学习培训教材

ISBN 978-7-5099-1444-1

Ⅰ.①城… Ⅱ.①全… Ⅲ.①城市管理—公共政策—中国—干部培训—教材②城市管理—行政法—中国—干部培训—教材 Ⅳ.①D922.1

中国版本图书馆CIP数据核字（2021）第215396号

城市基层治理政策法规解读

CHENGSHI JICENG ZHILI ZHENGCE FAGUI JIEDU

全国干部培训教材编审指导委员会办公室　组织编写

责任编辑：吴虞

责任校对：钱玲娣

封面设计：刘伟

出版发行：党建读物出版社

地　　址：北京市西城区西长安街80号东楼（邮编：100815）

网　　址：http://www.djcb71.com

电　　话：010-58589989 / 9947

经　　销：新华书店

印　　刷：北京汇林印务有限公司

2021年11月第1版　2021年11月第1次印刷

710毫米×1000毫米　16开本　11.5印张　122千字

ISBN 978-7-5099-1444-1　定价：21.00元

────────────────────────────────

本社版图书如有印装错误，我社负责调换（电话:010-58589935）